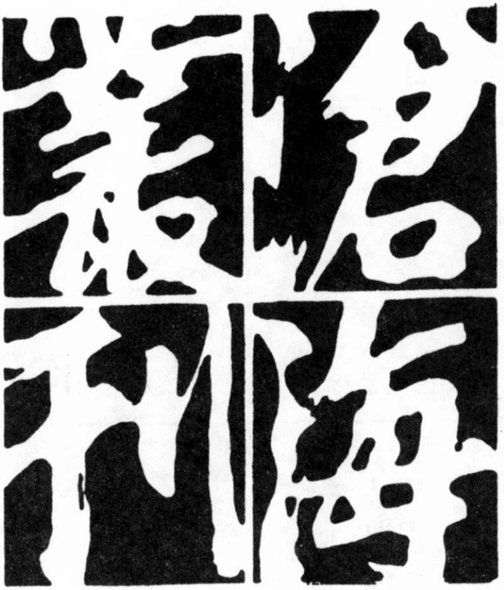

宋儒風範

董金裕 著

東大圖書公司 印行

©宋　儒　風　範

著　者　董金裕
發行人　劉仲文
著作財產權人　東大圖書股份有限公司
總經銷　三民書局股份有限公司
印刷所　東大圖書股份有限公司
復興店／臺北市復興北路三八六號六樓
重慶店／臺北市重慶南路一段六十一號
郵　撥／〇一〇七一七五──〇號
初　版　中華民國六十八年十月
再　版　中華民國八十二年十月
編　號　E 12034
基本定價　貳元捌角玖分
行政院新聞局登記證局版臺業字第〇一九七號
著作權執照臺內著字第一三〇七〇號

ISBN 957-19-0509-7（平裝）

者的參考。

七、本書寫作，旨在求能有助於讀者的反身力踐，因此行文不務爲艱深晦僻，然亦不肯出以通俗俚淺。高下之間，頗難掌握，惟區區此心，幸讀者曲加鑑察。

八、本書稱述各家一律用其姓名，以避免疑誤。惟於該人首次出現之時，附加其字號於下；至引文中之稱謂，則概依原文，不加改易。

九、爲求閱讀方便起見，各篇引文及註解說明，皆盡量融合於本文之中，或以括弧附於引文及相關文句之下，用免讀者翻檢之勞。

十、本書部分篇章曾先後發表於中央日報文史專刊、孔孟學報、孔孟月刊、中央月刊、幼獅月刊、靜宜文學、靜畹蘭叢等刊物之上，今既彙爲一書，其中略有更動，以求彼此貫串，都爲一體。

十一、本書寫作期間，多蒙師長、友朋鼓勵指導，並承上述各刊物編輯垂愛採用，在此一併致謝。

十二、本書各篇皆於年來利用授課餘閑分別寫成，雖在撰作之際，不敢掉以輕心，但以時間倉促，參考資料亦復有限，其中謬誤，知所不免，尚請讀者不吝教正。

董金裕　識於靜宜文理學院中文系

中華民國六十八年九月

序例

一、宋儒之學係相對漢、唐章句訓詁所起的一種反動，是其所重，主要在人不在書。因此本書乃選擇宋儒之卓異者共廿四人，分爲二十篇，介紹其人的行誼，以爲後人所遵式，故命名爲宋儒風範。

二、本書重在介紹各家行誼，至其學術思想，雖非主眼所在，但以其與行誼關係頗爲密切，故亦連帶及之。惟因限於篇幅，僅能作簡要之說明而已。

三、所述各家行誼思想雖各有偏尚，派別分歧，惟天下百慮一致，殊途同歸，要皆有其可取之處，故本書敍述，力求客觀平允，以避免黨同伐異之病。

四、各家思想，盤綜錯結，其中頗多互相影響或彼此對持之處，爲求交代明白，各篇所述，偶有重複之處，勢所難免，尚祈讀者垂諒。

五、全書雖分爲二十篇，彼此獨立，然亦未嘗不可合而觀之，而有宋一代的學術流變，於此蓋亦可以粗知梗概。

六、附錄兩篇雖與二十篇體例不同，惟皆可以見宋儒行誼風範的一斑，因殿於書末，以爲讀

宋儒風範　目次

序例……一
一、宋學的開山—胡瑗與孫復……一
二、范仲淹與宋初學者……五
三、宋儒中的狂者—石介……一〇
四、歐陽修的「排佛」……一四
五、腳踏實地的司馬光……一九
六、道契天人的周敦頤……二三
七、徑路寬廣的邵雍……二七
八、精思力踐的張載……三二
九、敬義夾持，相反相成的二程兄弟……三七
一〇、呂大鈞的鄉村改革運動……四七

一一、道南首倡的楊時……五一
一二、湘學首倡—胡安國……五六
一三、湘學後勁—張栻……六一
一四、不立崖岸，胸懷宏大的呂祖謙……六七
一五、宋學的雙璧—朱熹與陸九淵……七四
一六、宋學的異軍—葉適……八四
一七、強毅自立的黃榦……九一
一八、護持本心的楊簡……九六
一九、宋學的殿軍—王應麟……一〇一
二〇、宋學的結晶—文天祥與謝枋得……一〇六
附錄一：讀宋元學案附錄看宋儒風範……一一一
附錄二：宋人的三篇氣節文章及其思想背景……一二四
參引書目舉要……一四三

一、宋學的開山——胡瑗與孫復

宋代學術在我國學術思想史上有其相當崇高的地位，而追本溯源，以斯道自任，開展有宋一代學術風氣者，後人莫不羣推胡瑗（字翼之，學者稱爲安定先生）與孫復（字明復，學者稱爲泰山先生）二先生。胡、孫二人資性不同，所造亦異，然其苦學的精神與力肩斯道的抱負則並無二致。蓋自從晚唐、五代以來，由於科舉的流弊以及時代的擾攘不安，學術風氣日趨漓薄；所有的只是進士輕薄的詩，與西蜀、南唐等一些頹廢無力的詞而已。其後雖然趙宋統一了天下，可是楊億、劉筠、錢惟演等人所倡的西崑體，猶是掇拾晚唐的餘唾，一派淫艷浮靡，缺乏新興的氣象。在學術思想壇上，可謂是一片迷濛暗昧。茫茫大地，一直要到宋興八十年，二先生挺生之後，才透露出生機與綠意；後儒遂得以賡續而起，並加發揚光大，終使宋學放射出璀璨的光芒。

胡瑗與孫復在年輕時，曾同學於泰山，先後達十年之久。胡瑗是「攻苦食淡，終夜不寢，一坐十年不歸。得家書，見上有平安二字，卽投之澗中，恐擾心也。」（宋元學案卷一安定學案）孫復則「築居於泰山之陽，聚徒著書，種竹樹果，蓋有所待也。」（徂徠文集卷九明隱）「枯槁憔悴，鬚眉皓白。」（宋元學案卷二泰山學案）兩人這一段苦學的生涯，終於磨礪了他們堅苦卓絕的志節，涵濡了他們高超俊偉的胸懷。所以等到學成之後，便能各依資稟所近，以其教育精神與人格修養，裁成後進，樹立典範，來藝植綱常，扶持名教。

宋史云：「瑗治經不如復，而教養諸生過之。」（卷四百三十二孫復傳）由這句話，我們卽可探知二先生精詣所到。大抵胡瑗經術雖精，然講學則尤所優爲；孫復雖然不廢講學，而經術則有過之。胡瑗一生可以說是傾其心力於教育事業上，他先是以經術教授吳中，其後則被范仲淹聘爲蘇州教授，被滕宗諒聘爲湖州教授，最後且被天子任命爲國子監直講。他教導後進，最能以身作則，嚴重師道，「雖盛暑，必公服坐堂上，嚴師弟之禮，視諸生如子弟，諸生亦愛敬如父兄。」（宋元學案卷一安定學案）而又能各就學生資性所近，因材施教，「其教人之法，科條纖悉具備，立經義、治事二齋，經義則選擇心性疏通，有器局可任大事者，使之講明六經；治事則一人各治一事，又兼攝一事，如治民以安其生，講武以禦其寇，堰水以利田，算歷以明數是也。」（同上）大抵經義重通才，在使人明體；治事重專家，在使人達用。類似今日的分科教學，而又有過之。其對於專才的培養，除各治一事之外，又須兼攝一事，亦類似今日的輔系制度。是其法在一千年後的今天，仍具有很大的參考價值。此外，他又頗注重啓發教學及師友講習之效，使諸生「以類羣居講習，先生時時召之，使論其所學，爲定其理。或自出一義，使人人以對，爲可否之。或卽當時政事，俾之折衷。」（同上）更由於他精通樂理，曾爲朝廷典作樂事，所以也很重視詩樂陶冶之功，「每公私試罷，掌儀率諸生會于肯善堂，合雅樂歌詩，至夜乃散。諸齋亦自歌詩奏樂，琴瑟之聲徹于外。」（同上）敎法既如此的美備，故人人皆樂於相從，四方之士歸之，至庠序不能容，不得不旁拓軍居以廣之，可謂濟矣盛哉！因此收效甚宏，人才蔚起，朝廷名臣，多出其門。後來宋神宗問他的學生劉彝以胡瑗與王安石孰優？劉彝答道：「臣聞聖人之道有體，有用，有文。君臣父子仁義禮樂，歷世不可變者，其體也。詩書史傳子集，垂法後世者，其文也。舉而措之天下，能潤澤斯民，歸于皇極者，其用也。國家累朝取士，不以體用爲本，而尚聲律浮華之詞，是以風俗偷薄。臣師當寶元、明道之間，尤病其失，遂以明體達用之學授諸生，夙夜勤瘁，二十餘年，專切學校，始于蘇、湖，終于太學，出其門者無慮數千餘人。故今學者明夫聖人體用，以爲政敎之本，皆臣師之功，非安石比也。」（同上）劉彝這一答，實最能表出胡瑗一生講學的精神及其致力所在。

孫復的氣象與胡瑗不同，宋元學案說：「安定冬日之日也，泰山夏日之日也。」（卷二泰山學案）比擬最爲適切。孫復的成就主要表現在治經上，他嘗以爲盡孔子之心者大易，盡孔子之用者春秋，是二經者乃聖人之極筆，治世之大法，因此有易說及春秋尊王發微之作。其中尤以春秋尊王發微一書，不惑傳注，闡明諸侯大夫功罪，以考時代的盛衰，而推見王道的治亂，對於宋代儒者啓發頗大。他在講學方面，雖然學生不如胡瑗之多，可是根據徂徠文集泰山書院記所載，其從遊之貴者及門人之高第，頗不乏名公鉅儒，「足以相望于千百年之間。」（卷十九）而他對於師道的最大貢獻則在於與弟子石介兩人，以實際的表現顯示了師道的尊嚴。當時朝廷給事孔道輔，「爲人剛直嚴重，不妄與人。聞先生之風，就見之。介執杖屨，侍左右。先生坐，則立；升降拜，則扶之。及其往謝也亦然。魯人既素高此兩人，由是始識師弟子之禮。」（歐陽文忠公集卷二孫明復先生墓誌銘）孫復一生行事雖然史書記載並不詳細，可是就石介對其師事之嚴一事看來，我們當不難想見其道之尊了。

宋學之所以能夠興盛，與師道的發揚實有莫大的關係，對於師道的提倡，其實早在唐代韓愈已經開始。他曾著師說一文，說明師道的地位及重要性，並提出求師無分於貴賤少長的觀點，同時更以師道自尊，可惜韓愈的這一番努力，經歷晚唐頹風的摧殘，並沒能產生大影響。所以要到胡、孫二先生繼起，師道才眞正的受到重視，並產生其影響力。原來師道的發揚，一方面既要能使師道廣布，另方面又要能顯示師道的尊嚴，才能夠發揮他的大作用。而胡、孫兩先生，一沉潛，一高明；一篤實，一剛健。沉潛篤實者宜於援引後學，成就人才，遂使師道日廣；高明剛健者則表現出巖巖的氣象，可使師道益尊。兩者相輔相成，終於促使師道的發揚，更推動了宋代學術的興盛。篳路藍縷，以啓山林，其功至偉。孫復嘗言：「國家踵隋、唐之制，專以詞賦取人，故天下之士皆奔走致力於聲病對偶之間；探索聖賢之閫奧者，百無一二。向非挺然特出，不徇世俗之士，則孰克舍於彼而取於此乎？」（孫明復小集與范天章書一）我們探討隋、唐以至宋初的學術流變，當知此言的不虛，而所謂「挺然特出，不徇世俗」，實亦爲胡、孫兩先生的最佳寫照。

二、范仲淹與宋初學者

范仲淹其志其行，爲世人所樂道者，厥爲他雖是一個孤兒，但却不爲困境所扼，當他爲秀才時，便能以天下爲已任；其後在岳陽樓記中，更提出「先天下之憂而憂，後天下之樂而樂」之語，以表白他的心志抱負；等到他仕宦顯貴之後，又能推其俸祿，設置義田，以贍活族人。實則范仲淹此種高超的志行，固然與他的學養胸懷有關，但也未嘗不是受到其師戚同文的啓發感召。蓋戚氏與仲淹生平相類似者有下列幾點：一爲戚氏也是一窮困孤兒。二爲戚氏也是胸懷高志，當五代時，天下喪亂，他卽思見宇內混一，其所以取同文爲名字者，卽是此種心願的表達。三爲戚氏也是急公尚義，每遇到人家有喪事，就盡力拯濟；宗族閭里間有貧乏者，則加以賙給；到了歲末，經常解衣裘與遭凍寒的人。平生不積財，也不營居室，但急人之難而已。就以上三者，可以看出他們師弟二人雖然出身都極困苦，但却不爲環境所挫折，而能奮勵向上，且懷抱高尙的志操，而見之於實際的義行，確實很足後人仰慕。可是他們師弟二人有一項貢獻更大，影響更爲深鉅的表現，却往往爲世人所忽略，那卽是他們對於士人的栽培與學術的倡導，對於此後宋學的興盛有莫大的關係。

戚同文一生隱居不仕，以講學爲其職志，請益之人不遠千里而來，登弟者有五、六十人之多。范仲淹則除曾應晏殊之聘，在睢陽書院（卽應天府書院，戚同文生前講學於此）掌教一段時期之外，一輩子大抵在政治上求發展。可是他後來雖居官貴顯，仍然不忘講學。他泛通六經，尤長於易，學者多來從他質疑問難，他執經講解，毫不厭倦。對於士人的涵養作成之功，比諸其師不僅並無遜色，甚且有以過之。而有宋初年的一批有名學者大抵皆曾受過他的提挈，一時學校徧於四方，師儒之道因此而立，對於當時學術風氣的養成有很大的功勞。史稱他「推其俸以食四方遊士，士多出其門下。」、「感論國事，時至泣下，一時士大夫矯勵尙風節，自先生倡之。」（宋元學案卷三高平學案）蓋實錄也。

宋初學者受到范仲淹獎掖之最者，有胡瑗、孫復，故宋元學案云：「安定、泰山諸儒皆表揚於高平。」（卷三高平學案）又其對於張載的啓導，更是大有功於學術，故學案又云：「高平一生粹然無疵，而導橫渠以入聖人之室，尤爲有功。」（同上）此外，若石介、李覯等也都或因親承范公的敎益，或因得到范公的薦引，而在學術上有所建樹。玆述胡、孫、張三人與范仲淹的關係，以見范公對宋初學者提携之功的一斑。

胡瑗在泰山苦學十年有成之後，卽以經術敎授吳中，及范仲淹知蘇州，愛敬其爲人，因聘胡氏爲蘇州敎授，胡瑗初掌蘇學，爲提高敎學成效，卽訂立嚴密的學規，以約束諸生。當時生徒有數百人之多，每以爲苦而不能率教，范公患之，乃遣其長子范純祐入學，時純祐尚未及冠，年幼於其他同學，却能完全遵守學規，諸生隨之，亦不敢犯。從此蘇學遂爲天下諸郡學的表率，而胡瑗在當時教育界的威望亦遂因此而確立，後來天子重修太學，卽下令取胡氏在蘇州、湖州的設教之法，以爲典則。由是我們可知胡瑗所以能於當時按照其理想規模從事講學，培養許多人才，而成爲宋學的開山，與范仲淹的提攜及其父子的協力，實有甚深的關係。

與胡瑗同爲宋學開山的孫復，因爲屢擧進士不第，退居泰山之陽，精研春秋之學，經其高弟石介的表彰，爲范仲淹所知，於是范公乃與富弼共言孫復有經術，宜在朝廷，天子遂任命孫復爲國子監直講，並召爲邇英殿祇候說書。又據宋元學案卷二泰山學案引楊公筆錄云：「范文正在睢陽掌學，有孫秀才者索遊，上謁文正，贈錢一千。明年，孫生復過睢陽，謁文正，又贈一千。因問何爲汲汲於道路，生戚然動色曰：『母老無以爲養，若日得百錢，甘旨足矣！』文正曰：『吾觀子辭氣，非乞客也。二年僕僕，所得幾何？而廢學多矣！吾今補子學職，月可得三千以供養，子能安於學乎？』生大喜，於是授以春秋，而孫生篤學不舍晝夜。明年，文正去睢陽，孫生亦辭歸。復十年，聞泰山下有孫明復先生，以春秋教授學者，道德高邁，朝廷召至，乃昔日索遊孫秀才也。」按此段記錄，與宋史卷四百三十二孫復傳所載事實有所出入，然筆記小說家言，縱使出於穿鑿，亦多有其所以產生的背景，而我們也可據此推想孫復在學成之前，縱然未必受過范公的賙濟、教導，可是孫復之有得於范公的照顧薦拔，及其之所以能够卓然自立於道，必定與范公大有關係，則應該是不容懷疑的。

張載與戚同文、范仲淹師弟一樣同是孤兒，然自小卽志氣不羣。與邠人焦寅相來往，寅喜談兵，載說其言，因此當仁宗康定年間，對西夏用兵之時，載年二十一，乃慨然以功名自許，想要結客取洮西之地。當時范仲淹正以陝西安撫招討副使在陝督理軍事，張載遂上書仲淹。仲淹知其遠器，有意造就他，於是責之曰：「儒者自有名教可樂，何事於兵？」（宋史卷四百二十七張載傳）並以中庸授之，他才翻然有志於道。其後又出入於佛、老累年，最後乃反求之於六經，而終於成爲關學的領導人物。按當張載上書給范仲淹之時，范仲淹正在對西夏用兵，對於自負有軍事之才的張載，依理而言，正屬求之不得；然仲淹並不以部將處之，反而授以中庸。在常人看來，事誠反常。可是我們知道仲淹向能「先天下之憂而憂」，雖當時天下治平，然却隱憂重重，爲有心者所深慮。范公知道欲起天下的沉疴，在政治軍事之上猶有更爲根本的教育文化問題在；而最爲關鍵所在的就在於人才的培養與士風的陶成。因此一遇上具有遠器的張載，便引導他入於聖人之域，而成就了一位大學者。此不僅可見范仲淹識見的遠大，而張載的成學悟道，實得力於范公的啓導更是顯然。宋史稱張載之學，「以易爲宗，以中庸爲體，以孔、孟爲法。」（卷四百二十七張載傳）范仲淹旣泛通六經，而最長於易，又首授中庸於張載，則其對於張載早年啓廸之功的深遠爲何如，蓋不難得知了。

韓愈在其雜說中嘗言：「世有伯樂，然後有千里馬，千里馬常有，而伯樂不常有，故雖有名馬，祗辱於奴隸人之手，駢死於槽櫪之間，不以千里稱也。」（韓昌黎集卷一）這句話固然是韓愈的無限辛酸與感慨，也是千古不得施展其抱負的有志之士的無限辛酸與感慨。蓋十室之邑，必有忠信，其中能加之以好學者，却未必都能够有所建樹表現，最大的關鍵就在於是否有人加以啓導識拔了。范仲淹在宋朝初年，嚴格而論，並不是一個純粹的學者，但可却是當時學術界的伯樂，由於有了他，才使得宋初學界的千里馬得以展足馳騁。依我看來，他對於當時學術風氣的推動，才是他眞正的「以天下爲己任」的表現，比之於設置義田，以贍活族人之舉，應該更值得後人仰慕才是。

三、宋儒中的狂者——石介

在宋儒當中，以狂勇著者，世人大抵首推陳亮。根據宋史記載，陳亮「爲人才氣超邁，喜談兵，議論風生，下筆數千言立就。」（卷四百三十六陳亮傳）而他自己也頗自負能「推倒一世之智勇，開拓萬古之心胸。」（龍川文集卷二十甲辰答朱元晦書），且曾上書孝宗，以大有爲相勉。當孝宗感動之餘，召其上殿，欲加擢用之時，權臣曾覿有意拉攏，可是他却恥於曾覿的爲人，翻牆而逃，不願與之相見。就此看來，陳亮實可當爲一個狂者而無愧。可是他到了晚年，竟然在進士對策中，爲光宗不到重華宮朝見父皇孝宗之事作掩飾，以討好光宗。而當他因此而博得狀元時，更是驚喜交集，甚至於對著他的弟弟感泣，相約以命服共見祖先於地下。其跡不僅近於鄉愿，而且已然陷於利欲膠漆之中，爲識者所不取了。因此在宋儒之中，求其能够終始一致，以其勇銳進取的態度，力攻浮僞，最具有狂者精神的人，除却石介（字守道，學者稱爲徂徠先生）以外，實在難以作第二人想了。

宋史言石介爲人，「篤學有志尙，樂善疾惡，喜聲名，遇事奮然敢爲。」（卷四百三十二石介本傳）當他初仕不久，即曾因爲論事而被罷職。後來以丁父母憂去官，乃「垢面跣足，躬耕徂徠山下，以易敎授其徒。」（宋元學案卷二泰山學案）並師事孫復，來共同扶持師道。介雖身在畎畝之中，可是仍然不忘天下之憂，認爲「時無不可爲，爲之無不至。不在其位，則行其言。吾言用，功利施於天下，不必出乎己；吾言不用，雖獲禍咎，至死而不悔。」（歐陽文忠公集卷二徂徠石先生墓誌銘）又因爲仰慕「郭代公爲太學生，家信至，寄錢四十萬爲學糧，有縗服叫門，云五代未葬，代公卽命以車一時載去，略無留者，亦不問姓氏。代公其年絕糧，不能成學。」以及「柳河東布衣時，坐酒肆中，有書生在其側，言貧無以葬，柳卽搜於其家，得白金百餘兩，錢數萬，遺之。」（徂徠文集卷十四上王狀元書）等前人美事，而「葬五世之未葬者七十喪。」（宋史卷四百三十二石介本傳）其高偉的志向與樂善的胸懷，由此可見一斑。

當石介的時代，雖然趙宋統一天下已經達數十年之久，可是當時不論在學術思想上，抑或政治上，都潛伏著莫大的隱憂。就學術思想上言，佛、老的學說與浮薄的文藝正以不同的姿態，可却是一致的趨向，在搖撼正道，腐蝕人心，儒學遭受到莫大的威脅。就政治上言，衆賢未必登進，而羣奸仍然弄權；在外的西夏又正虎視眈眈，冀圖乘虛而入，朝廷雖然曾經前往討伐，然却兵久無功，海內亦因此而重困。似此情勢，看在石介眼裏，自然不能忍默，於是乃「攘臂欲操萬丈戈，力與熙道（士建中）攻浮僞。」（徂徠文集卷十五上孫先生書）寫了有名的怪說及中國論，極力排斥佛、老以及楊億、劉筠、錢惟演等人所倡的西崑體，以爲去此三者，乃可以有爲。

對於當時的學術思想界，實大有摧陷廓淸之功。此外，他又著有唐鑑，以戒姦臣、宦官、宮女，指切當時，無所忌諱。而當仁宗慶曆朝，天子奮然思欲振起威德，進退大臣，增置諫官、御史，求治之意頗銳。呂夷簡罷相，夏竦罷樞密使；杜衍、章得象、賈昌朝、范仲淹、富弼、韓琦同時執政；歐陽修、余靖、王素、蔡襄並爲諫官。石介大喜，以爲一時盛事，不能不加歌頌，於是作了慶曆聖德頌，贊揚天子的進賢退奸，以褒貶大臣，分別邪正。在當時曾引起了一場很大的風波，而他本人在夏竦的謀陷之下，於身死之後，也幾乎遭到被斲棺的噩運。然由此益可看出其遇事敢爲及其不惑不變的一貫精神態度。

綜觀石介一生的行事，其勇猛直可與孟子的闢楊、墨及韓愈的排佛、老相比埒。事實上，石介所景仰者卽爲孟、韓二公。當他毫無忌憚的極陳古今治亂成敗，以指切當世之時，卽引起了不少的謗議，而一般小人對他尤爲嫉惡，必欲置其於死地而後快，可是石介却仍舊安然不變，而以孟子相比道：「吾道固如是，吾勇過孟軻矣！」（歐陽文忠公集卷二徂徠石先生墓誌銘）他著有尊韓篇，對韓愈極爲推崇，甚至與孔子並提，曰：「孔子爲聖人之至，吏部爲賢人之卓。孔子之易、春秋，自聖人以來未有也；吏部原道、原仁、原毀、行難、禹問、佛骨表、諍臣論，自諸子以來未有也。嗚呼！至矣！」（徂徠文集卷七尊韓）其辨惑篇的語氣與韓愈的諫迎佛骨表蓋不啻若自一口出，而其慶曆聖德頌，則更明白自言係模倣韓愈的元和聖德頌。他嘗說：「今天下大道榛塞，吾常思得韓、孟大賢人出，爲芟去其荆棘，逐去其狐狸，道大闢而無荒穢。往年官在玆上，始得士熙道；今春來南郡，又逢孫明復。韓、孟玆遂生矣！」（徂徠文集卷十六與裴員外書）其實所謂韓、孟玆遂生，無寧是石介的自況！

孔子生前曾感嘆不得中行而與，思得狂狷之士，以爲狂者具有進取的精神。我們看石介義無反顧，不計利鈍成敗的毅然與當時風氣相抗，確是狂者的最佳寫照。他曾說：「道大壞，由一人存之；天下國家大亂，由一人扶之。古言大厦將傾，非一木所支，是棄道而忘天下國家也。顚而不支，坐而視其顚，斯亦爲不智者矣！曰見可而進，量力而動，其全身苟生者歟！」（徂徠文集卷八救說）其言如此，則其所自負者爲何如就不難得知了。雖然其學可能有粗豪有餘，精徵不足的毛病，可是他那種進取無畏的精神，却使人不得不折服。宋人中持論最嚴的葉適雖然說他「以其忿嫉不忍之意，發於褊宕太過之詞，激猶可與爲善者之怒，堅已陷於邪者之敵，莫不震動驚駭，羣而攻之，故回挽無毫髮，而傷敗積邱陵。」（習學記言卷四十九呂氏文鑑）但也不免對他的果敢表示推重，曰：「然自學者言之，則見善明，立志果，殉道重，視身輕，自謂大過上六當其任，則其節有足取也。」（同上）而後來全祖望說：「泰山高第石守道，以振頑儒，巖巖氣象，倍有力焉。」（宋元學案卷二泰山學案）所謂巖巖氣象，以振頑儒，確實很能表出石介一生的精神及其致力之所在。

四、歐陽修的「排佛」

有唐韓愈提倡古文運動，文起八代之衰。可惜這一運動經過晚唐頹風的摧殘，文章浮靡之風依舊未革。直到宋朝，歐陽修繼起，步武韓愈，重新提倡古文運動，文章才得以復返於正。於是韓、歐二人遂以文章名，世所謂唐、宋八大家者，要以二公爲巨擘。惟韓、歐二人雖以文章名世，然推究其心理，則並不以成爲一文學家爲已足。韓愈嘗曰：「愈之所志於古者，不惟其辭之好，好其道焉爾。」（韓昌黎集卷三答李秀才書）因此而有文以載道之說。歐陽修亦嘗謂：「其所以爲聖賢者，修之於身，施之於事，見之於言，是三者所以能不朽而存也……今之學者，莫不慕古聖賢之不朽，而勤一世以盡心於文字間者，皆可悲也。」（歐陽文忠公集卷二送徐無黨南歸序）可見韓、歐的古文運動並不純粹是一種文學改革運動，而有其更深一層的思想背景在。蓋自隋、唐以來，佛學盛行，其學不本於人倫日用，與六朝浮薄的文藝，雖然姿態不同，然皆有悖於孔、孟之學，有妨於世道人心，則並無二致。因此韓愈在唐朝，有原道、諫迎佛骨表等文，以攘斥佛、老；而到了宋朝，歐陽修則有本論之作，以與韓愈先後輝映。故宋元學案引楊時之言曰：「佛入中國千餘年，祗韓、歐二公立得定耳。」（卷四廬陵學案）蓋非無所見而云然也。

歐陽修的本論與韓愈的原道，雖然在闢佛上採取一致的態度，可是就理論上言，二人雖皆未能眞知佛學，然韓愈之論固猶欠深刻，但尚能就佛的缺陷加以攻駁，歐陽修則顯然是以不排爲排。惟就方法上言，韓愈欲「人其人，火其書，廬其居。」態度固嫌激烈，恐亦無法收到實際的效果。歐陽修則以爲佛法之所以爲中國患者，乃在於王政闕，禮義廢。因而主張修其本以勝之，使王道明而禮義充，意圖從根本的政經敎化上加以改革，來轉移社會的風尚，以杜絕佛家思想的流行。其說法比諸韓愈，的確要切實而有效得多。由是我們可見歐陽修的思想是比較偏重於篤實一路，而其在學術上的成就亦自然的表現在較講究實際的史學上了。

由於如此，歐陽修對於言心言性之說，乃加以排斥，曰：「夫性，非學者之所急，而聖人之所罕言也。易六十四卦，不言性，其言者動靜得失吉凶之常理也。春秋二百四十二年，不言性，其言者善惡是非之實錄也。詩三百五篇，不言性，其言者政敎興衰之美刺也。書五十九篇，不言性，其言者堯、舜、三代之治亂也。禮、樂之書雖不完，而雜出於諸儒之記，然其大要，治國修身之法也。六經之所載，皆人事之切於世者，是以言之甚詳。至於性也，百不一二言之。或因言而及焉，非爲性而言也，故雖言而不完……論語所載七十二子之問於孔子者，問孝，問忠，問仁義，問禮樂，問修身，問爲政，問朋友，問鬼神者有矣，未嘗有問性者。」（歐陽文忠公集卷二答李詡第二書）所以他遂不喜中庸，以爲中庸所謂「自誠而明，不學而知。」「不勉而中，不思而得」之傳有所異於聖人。此外，他對經學，又提出許多大膽的懷疑，疑春秋三傳，以爲學者所以舍經而從傳者，乃是因爲「經簡而直，傳新而奇。簡直無悅耳之言，而新奇多可喜之論，是以學者樂聞而易惑。」（歐陽文忠公集卷一春秋論上）又疑易傳，以爲易自繫辭以及文言、說卦以下都非聖人之作，而有以害經而惑世。又疑周禮，以爲並非周公所作。又疑河圖、洛書，認爲是怪妄之尤甚者。凡此議論，在當時衆人皆視爲怪誕，而深不以爲然，但歐陽修却有極端的自信，曰：「余嘗哀夫學者知守經以篤信，而不知僞說之亂經也，屢爲說以黜之；而學者溺其久習之傳，反駭然非余。以一人之見決千歲不可考之是非，欲奪衆人之所信，徒自守而世莫之從也。余以謂自孔子沒，至今二千歲之間，有一歐陽修者爲是說矣；又二千歲，焉知無一人焉與修同其說也？又二千歲，將復有一人焉。然則同者至于三，則後之人不待千歲而有也。同予說者既衆，則衆人之所溺者，可勝而奪也。夫六經非一世之書，其將與天地無終極而存也。以無終極視數千歲於其間，頃刻爾！是則余之有待於後者遠矣！非汲汲有求於今世也。」（歐陽文忠公集卷二廖氏文集序）其言如此，頗有百世以俟知者的氣概。而在我們今日看來，上距歐陽修的時代尚不及千年，其所懷疑者，有些已經證實，是歐陽修之見，確有其平實不可易之處。而後世的辨僞徵實之學，可以說早在歐陽修之時已開啓其端源了。

本於此種講求實際的精神，歐陽修以爲儒者學習禮樂，首須講究者乃在於能通今致用，曰：

「儒者之於禮樂，不徒誦其文，必能通其用；不獨學於古，必可施於今。」（歐陽文忠公集卷二武成王廟問進士策）既欲學古而施於今，與趣便自然的趨向史學。他編著有新五代史及新唐書，在新五代史中，他師取春秋義法，以臧否人物，褒貶善惡。在新唐書中，則對於唐代的典章制度，禮樂文物，有極爲精當的剖析。他之編著此兩部史書，所以特別著意於人物制度，自有其深意在。原來當北宋仁宗朝，朋黨之論大興，小人讒害忠良，正人皆不安其位，所以歐陽修乃借五代人物，以分別賢奸，警切時事。又宋代立國，懲於唐末、五代藩鎭割據，尾大不掉的弊害，所以一切的綱紀法度，皆務以矯失爲得。零碎瑣細，並無自己的一套規模制度，成爲國家的最大隱憂。因此歐陽修尤其措心於唐制的興革利病，以考古鑑今，指切當時。由此可知歐陽修之學係主於明體達用，以爲政敎之本者。宋史稱他：「學者求見，所與言，未嘗及文章，惟談吏事。謂『文章止於潤身，政事可以及物。』」（卷三百十九歐陽修本傳）而其策問之爲三代井田禮樂等制度而發者，更達到五次之多。據此，則其心意所在爲何如就不難推知了。

宋代學術要以理學爲主流，理學家由於受到佛、道二氏的影響刺激，最致力於心性之微的辨明闡發。歐陽修雖昌言排佛，可是我們就本論所言，可見其所採取的策略，蓋僅在守而不在攻，對於佛學精詣所到，根本不屑於探討。而他又自始卽對心性問題不感興趣，因此無法承受道、佛的影響，在心性問題上作發揮。再加上他一生的心力耗費於文章上面極多，所以既未能作爲後來濂、洛諸儒的先趨，而在學術思想史上遂亦不免成爲旁文。可是他　種篤實的精神，與夫對於經學的創見及在史學上的成就，確有其卓然不可易的地位，爲我們知人論學所不可輕易的加以忽略。

五、腳踏實地的司馬光

古人於本名之外，往往有字有號，大抵或以述志，或以託懷。惟其志其懷是否能跟他的字、號相符合，雖然不一定，但確實有不少人，其一生的言語行事倒可以其字、號加以概括；就中當以司馬光爲最能代表。按司馬光字君實，號迂夫，晚號迂叟。據三朝名臣言行錄載：「上謂晦叔（呂公著）曰：『司馬光方直，其如迂濶何？』晦叔曰：『孔子上聖，子路猶謂之迂；孟軻大賢，時人亦謂之迂。況光，豈免此名？大抵慮事深遠，則近于迂矣！』」（卷七之一）蘇軾謂其「自少至老，語未嘗妄。」（蘇東坡全集卷三十六司馬溫公行狀）邵雍亦云：「君實脚踏實地人也。」（三朝名臣言行錄卷七之二）而司馬光在答劉元城時，也以爲盡心行己之要在於誠，並自言「吾無過人者，但平生所爲，未嘗有不可對人言者。」（三朝名臣言行錄卷七之一）晚年更有迂書之作。由此可見不僅他人以此二字形容司馬光，即司馬光本人也以之自況，是所謂實、迂，確爲司馬光的最佳寫照。

司馬光生來就是一個樸樸實實的人，在訓儉示康一文中，他曾自道生性不喜華靡，自爲乳兒，長者加以金銀華美之服，輒羞赧棄去之。及至年二十，考上進士，聞喜宴，獨不戴花，同年告以君賜不可違，才勉强簪了一花。他年幼讀書，每患記問不如人而加倍用功，「羣居講習，衆兄弟旣成誦游息，獨下帷絕編，迨能倍諷乃止……嘗言書不可不成誦，或在馬上，或中夜不寢，時詠其文，思其義，所得多矣。」（三朝名臣言行錄卷七之一引呂氏家塾記）眞是中庸所謂「人一能之己百之，人十能之己千之，果能此道矣，雖愚必明，雖柔必强」的最好說明。又當他初仕時，「家人每每見其臥齋中，忽蹶起，著公服，執手版，危坐久之，率以爲常，竟莫識其意。純甫嘗從容問之，答曰：『吾時忽念天下安危事，夫人以天下安危爲念，豈可不敬邪！』」（三臣名臣言行錄卷七之一引冷齋夜話）其爲人治學以至處事的篤實敬謹，由以上諸事當不難想見其大概。

司馬光一生最大的事情實在於與王安石爭新法的得失，其實司馬光與王安石兩人的性行極爲相近，蓋二人都不好聲色，不希高爵。最初相處也頗爲友善，司馬光更曾在其上辭免狀中說王安石「文辭閎富，世少倫比，四方士大夫素所推服。」（溫國文正公文集卷十七）對其崇敬有加。可是後來兩人所以會形成水火之勢，實在於彼此作風的差異，蓋司馬光老成持重，王安石則較爲激進，急於事功的表現，再加上彼此個性都很固執，遂終於不免演爲意氣之爭。然在推行新法的初始，司馬光還寫信給王安石，勸他不可「用心太過」，「自信太厚」（溫國文正公文集卷六十與王介甫第一書）而勤勤以生民的憂樂，國家的安危爲念。其後更以王安石推行新法的引用小人爲憂，以爲君子難進易退，小人反是，若果小人得志，終不能去之，將成爲國家大患。其後果然皆如其言，其慮事的深遠，不得不令人折服。後來王安石去逝，司馬光在病中猶寫信給呂公著，說：「公甫無他，但執拗耳，贈卹之典宜厚。」（三朝名臣言行錄卷六之二）可見司馬光爲人的忠厚懇至。

大抵而言，當時宋朝內外積弊重重，有識之士莫不引爲深憂，而亟思加以改革。王安石採的是較爲激烈、積極的手段，司馬光則主溫和、漸近的方式。衡諸當時的情勢，國家積弊既深，就如一個久病的人，實在不宜用猛藥，這是王安石雖然理想高卓，態度進取，可是却終歸不免於失敗的癥結所在。相較之下，司馬光的穩健作風，固然收效較緩，可也不致於產生無可挽救的流弊。而他的實，他的迂，也從此充分的顯現出來了。

司馬光之所以如此的平實穩健而又能慮事深遠，固然是生性使然，但和他的史學造詣實亦大有關係。蓋歷史的發展，儘管波瀾迭起，但總有其一定的潮流趨向，不可能突然而來，忽然而逝。而歷史事件也必有其因果可尋，更往往會在後世產生深遠的影響。考司馬光在七歲時，聞講左氏春秋，就大爲喜好，退與家人講，也都能了其大義。後來又與劉攽、劉恕、范祖禹等人編纂資治通鑑。對於歷代史事的發展，當然十分熟悉。因此他平日論事每每舉史實爲證，特別著重於人事經驗，而採取一種比較審愼的態度。其思想的底子完全是一種「後天而奉天時」的觀念，知乎此，就難怪他不喜孟子，難怪他要與認爲「天變不足畏，祖宗不足法，人言不足恤」的王安石唱反調了。

旣然夙好史學，嫺熟治亂，而歷史事件的推動主要在人，因而司馬光最重人物，其潛虛行圖的第一圖即云：「任人，治亂之始也。」所以每論事，必以人物爲先。他自己的爲人固然是醇粹光明，無可疵議，爲當時及後世所共仰。而其臧否人物也有他的獨到之處。例如五代時的馮道，自號長樂老，歷仕後唐、後晉、後漢、後周四代十君，可謂毫無操守之至。可是到了宋朝初年，連不輕許可的石介還要說：「五代大壞，瀛王救之。」（鮚埼亭集外編卷三十一讀石徂徠集）范質更稱誦他：「厚德稽古，宏才偉量，雖朝代遷貿，人無間言，屹若巨山，不可轉也。」（資治通鑑卷二百九十一）一直要到歐陽修編新五代史，才重新予以評價，謂其「無廉恥」（新五代史卷五十四）。司馬光資治通鑑繼起，更是大加撻伐，指爲「奸臣之尤」（資治通鑑卷二百九十一）。於是馮道的爲人爲如何至此才算論定。而就此一端，也可以看出司馬光評鑑人物的標準所在了。

也許是受了時代風氣的影響，司馬光也試圖在心性之微上加以探討，曾模倣揚雄的太玄寫了潛虛，但終究由於個性及興趣的格限，所講大都不外於人事，更引用了許多的歷史事實來說明他的觀點，對於心性的闡發却反而顯得頗爲粗疏。此所以程頤雖然嘆賞他的「不雜」（二程語錄卷二），但也不免要微嫌其格物之未精了。後來元儒吳澄更譏諷他「尙在不著不察之列。」（宋元學案卷八涑水學案下）凡此意見實不免有以後律前，失諸公允之嫌。如從另外一個角度來看，司馬光那種平實而不越人事的作風，也許更值得一般人仿傚崇仰呢！

六、道契天人的周敦頤

宋代的學術要以理學最爲大宗，理學的興起，雖然黃震曾說：「本朝理學雖至伊洛而精，實自三先生（按指胡瑗、孫復、石介）而始。」（黃氏日抄卷四十五）其實胡、孫、石三先生對教育的振興以及異端的攘斥，與後來理學的發皇雖然確有其不可磨滅的功勞在；但是平情而論，他們對於理學所探討的主題，可以說是完全尙未接觸到。因此視三先生爲理學的先導則可，若必謂理學的發展始自三先生，實有待商榷。而眞正開始闡發心性義理的精微，爲後來理學家導引出一條新路向者，吾人不得不首推周敦頤（字茂叔，學者稱爲濂溪先生）。黃百家在宋元學案中謂：「孔、孟而後，漢儒止有傳經之學，性道微言之絕久矣！元公崛起，二程嗣之，又復橫渠諸大儒輩出，聖學大昌。故安定、徂徠卓乎有儒者之矩範，然僅可謂有開之必先，若論闡發心性義理之精微，端數元公之破暗也。」（卷十一濂溪學案上）揆諸事實，要屬可信。

周敦頤對於理學雖有開山濬源之功，然其著作却出乎一般人意料之外的少，其思想最主要的是表現在太極圖說與易通書上，太極圖說僅是一篇不滿三百字的釋圖短文，易通書也只有短短的四十章而已。但論其思想內容，則不僅條理整然，亦且堪稱博大精微，對於宇宙人生的道理都試圖加以解說貫穿。太極圖說從「無極而太極」的宇宙本體一直推展到天地萬物的化生，又從人生教化中的中正仁義，建立起主靜（無欲）的最高修養標準，而後再以此人生修養的最高標準回應到宇宙自然的本體，最後將宇宙與人生打成一片，而達到與天地合德，日月合明，四時合序，鬼神合吉凶的天人合一境界。易通書則開宗明義卽曰：「誠者聖人之本。」以為誠乃五常之本，百行之原。而聖人是可學而至的，其一切的工夫全要在心性之微的「幾」上用，而修養的最高標準卽為無欲。苟能達到此標準，則能靜虛動直，以至於明通公溥。故曰：「聖可學乎？曰可。有要乎？曰有。請問焉，曰一為要。一者無欲也。無欲則靜虛動直。靜虛則明，明則通；動直則公，公則溥。明通公溥，庶幾乎！」其說與太極圖說所論實相為表裏，而尤重在人生修養上。此不僅可見周敦頤學說思想的一貫性，更可證知其思想雖或不免於道、佛的影響，然究其實則仍是以儒家思想為底子，來吸納會通道、佛，並非方外逃世者所可與相提比論。

按天人合一為我國學術思想的一大特質，此一觀點備見於先秦典籍之中，而尤莫過於易傳與中庸，其中所述道理大抵來自仰觀俯察。蓋如果能時時的與宇宙自然接觸，再加上個人的潛心體悟，最後必能領會出天體的流行與萬物的生成，有其相融互會之處，更進而培蘊出一種宏偉的胸襟氣度。此所以孔子以為凡是仁智之士必樂於佳山水。而論語記載：「子在川上，曰：『逝者如斯夫，不舍晝夜。』」（子罕第九）「子曰：『予欲無言。』子貢曰：『子如不言，則小子何逝焉？』子曰：『天何言哉？四時行焉，百物生焉，天何言哉？』」（陽貨第十七）按此所謂逝者如斯，所謂四時行，百物生，雖尚引而未發，其實就是孔子對於大化流行的一種體會。奈何子貢猶不能有所喻，難怪他要感嘆「夫子之言性與天道不可得而聞」（公冶長第五）了。考周敦頤自幼便喜好遊山玩水，「年十三，志趣高遠，里有濂溪，溪有橋，橋有小亭，先生常釣游其上，吟風弄月……濂溪之西十里有巖洞，高敞虛明，東西兩門，入之，若月中下弦；中圓，若月望；俗呼月巖。先生好游其間。」（周濂溪年譜）後來歷事州縣，更是經常於公餘之暇，到處探幽訪勝，「遇適意處，或徜徉終日。」（朱文公文集卷九十八濂溪先生事實記），當其年四十五，通判虔州，路經江州時，卽深愛廬山的勝景，因此乃築書堂於山麓，堂前有溪，發源於蓮花峯下，潔清紺寒，敦頤濯纓而樂，便隱然有卜居之志，因取故鄉營道的濂溪以爲名。直到他去世的前一年，卽辭官息隱於此，歌詠先王之道，體悟天地創生不已的本資。程顥常云：「周茂叔窗前草不除去，問之，云與自家意思一般。」（二程語錄卷四）他所謂的自家意思，程顥道得好，是乃在於「觀天地生物氣象。」（二程語錄卷六）按周敦頤的思想大抵是根據易傳，而又會通之於中庸而成；然其最爲根本所在，實繫於他的喜好與大自然接觸，以觀其生生不息的氣象。因而能與上學二書所述道理心契神合，以達同工之妙。

由於周敦頤的善於觀天地生物氣象，於是便自然而然的蘊育出他的胞與之懷。因此他到處爲官，便以洗冤澤物爲己任。當他初仕不久，「爲分寧縣主簿，有獄久不決，敦頤至，一訊立辨。」其後，「調南安司理參軍，有囚，法不當死，轉運使王逵欲深治之。逵酷悍吏也，衆莫敢爭，敦頤獨與之辯。不聽，乃委手版歸，將棄官去，曰：『如此尚可仕乎？殺人以媚人，吾不爲也。』逵悟，囚得免。」（宋史卷四百二十七周敦頤本傳）「熙寧初，用趙（抃）公及呂正獻公公著薦，轉虞部郎中廣東轉運判官提點本路刑獄，雖荒崖絕島，人迹所不到者，衝瘴而往，以洗寃抑。」（宋元學案卷十一濂溪學案上）似此行爲，正是明通之後的公溥表現，而其基本則在於心性修養上的無欲，程顥嘗說：「昔受學於周茂叔，每令尋仲尼、顏子樂處所樂何事。」（二程語錄卷二）後來朱熹針對此話，以爲「人之所不樂者，有私意耳！克己之私則樂矣！」（朱子語類卷三十一）所謂克己之私卽是周敦頤所說的無欲，於是更可見周敦頤思想與行爲的一致性了。

由天人的交融推展到人我的交融，以至於個人內外的交融，其所顯現出來的人格精神自然別有一番境界，黃庭堅說：「濂溪先生胸中灑落，如光風霽月。」（山谷別集卷上濂溪詩序）朱熹爲他作象贊，亦云：「道喪千載，聖遠言湮。不有先覺，孰開我人？書不盡言，圖不盡意。風月無邊，庭草交翠。」（朱文公文集卷八十五濂溪先生畫象贊）形容周敦頤的氣象及貢獻實在最爲適切不過。唯周敦頤之所以有這種氣象與貢獻，若非他的道契天人，又何以能然呢！

七、徑路寬廣的邵雍

北宋五子周、張、邵、二程，一降而爲有宋五子周、張、二程、朱，於是邵雍（字堯夫，學者稱爲康節先生）便被擯於宋代理學正統之外。所以然者，其最主要的原因乃是邵雍之學源出道教，其所講的先天象數之學又與儒學正統不同轍，邵雍其人其學遂爲人所輕忽。實則邵雍之學雖出方外，然多本於其所自得，顯與逃世者異趣。宋史云：「雍探賾索隱，妙悟神契，洞徹蘊奧，汪洋浩博，多其所自得。」（卷四百二十七邵雍本傳）黃百家在宋元學案中也謂：「先生之教，雖受于之才，其學實本於自得。」（卷九百源學案上）故程顥乃推讚他爲振古的豪傑，雖無所用於世，但所講者猶是內聖外王之道。可見邵雍之學雖與儒學正宗途徑有異，然彼此目標仍屬一致；而其挽道教之說，加上自己的新得，以入於儒學之門，無寧是對儒學的一大貢獻。故二程語錄載：「世之信道篤而不惑異端者，洛之堯夫，秦之子厚而已。」（卷五）朱熹亦云：「程、邵之學固不同，然二先生所以推尊康節者至矣！蓋以其信道不惑，不雜異端，班於溫公、橫渠之間，則亦未可以其道不同而遽貶之也。」（朱文公文集卷三十答汪尚書）客觀公允，確屬持平之論。

談到邵雍的成學過程，顯然頗經過了一番刻苦磨礪的工夫，才陶鑄成他那分曠達和怡的人格。據載他年幼之時，卽「自雄其才，力慕高遠，謂先王之事必可致。居蘇門山百源之上，布裘蔬食，躬爨養父。」（宋元學案卷九百源學案上）「於書無所不讀，始爲學，卽堅苦刻厲，寒不爐，暑不扇，夜不就席者數年。」（宋史卷四百二十七邵雍本傳）如此用功的讀了多年書之後，乃「嘆曰：『昔人尙友千古，吾獨未及四方。』於是踰河、汾，涉淮、漢，周流齊、魯、宋、鄭之墟。」（同上）飽覽了天下風光，然後才回鄉，從此卽隱居不出。當時李之才代理共城縣令，聞知邵雍事父孝謹，勵志精勤，便主動的把他遠從道士陳摶一路傳下來的圖書之學授與邵雍。邵雍從學於李之才，態度十分恭謹，「雖在野店，飯必襴，坐必拜。」（宋元學案卷十百源學案下）他自己又肯潛心領悟，因此不僅能够深體有得，而且有許多創新發明，遂完成了他學問的體系，更培蘊成他那種曠偉寬宏的胸襟。當他後來定居於洛陽的初始，「蓬蓽甕牖，不蔽風雨，而怡然有以自樂，人莫能窺也。富鄭公（弼）、司馬溫公（光）、呂申公（公著）退居洛中，爲市園宅。出則乘小車，一人挽之，任意所適。士大夫識其車音，爭相迎候。童孺廝隸皆曰：『吾家先生至也。』不復稱其姓字。遇人無貴賤賢不肖，一接以誠，羣居燕飲，笑語終日。不甚取異於人，樂道人之善。故賢者悅其德，不賢者喜其眞，久而益信服之。」（宋元學案卷九百源學案上）居洛凡四十年，「安貧樂道，自云未嘗攢眉。所居寢息處，名安樂窩，自號安樂先生。又爲甕牖，讀書燕居其下。且則焚香獨坐，晡時飲酒三四甌，微醺便止，不使至醉。嘗有詩云：『斟有淺深存燮理，飲無多少係經綸，莫道山翁拙於用，也能康濟自家身。』」（宋元學案卷十百源學案下）其待人的和易，及胸懷的坦蕩由此可見。他嘗謂：「學不至于樂，不可謂之學。」（皇極經世書卷八下觀物外篇十二）可以說是他對自己的最好表白。又嘗自道：「不爲十分人，不責十分事。」（伊川擊壤集卷十五責己吟）「平生不作皺眉事，天下應無切齒人。」（伊川擊壤集卷七詔三下答鄉人不起之意）最能顯示他的處世原則。此所以爲人一向嚴謹的程頤要略表不滿的說「堯夫放曠」（二程語錄卷六）。然而他却反在臨終之時勸程頤道：「面前路徑須令寬，路窄則自無着身處，況能使人行也？」（宋元學案卷九百源學案上）語雖似針對程頤的講學方法與處世態度而發，然由此亦可見邵雍的能時時處處爲他人留餘地處，待人處事的平和樂易處。

由於邵雍所擅長的先天象數之學有別於儒學正統，大家既乏研討的興趣（二程便是如此），而邵雍本人亦不肯輕易將其學傳授與人，所以「世之知其道者鮮矣！」（宋史卷四百二十七邵雍本傳）因此其學遂輾轉失眞，而蒙上一層神秘的色彩；再落入江湖術士手中，於是便成旁門左道，不登大雅之堂了。其實他的先天之學儘管難懂，惟據王應麟困學紀聞引張文饒之語曰：「處心不可着，着則偏；作事不可盡，盡則窮。先天之學止此二語，天之道也。」（卷十八評詩）是則先天之學所講者亦無非是邵雍的處世之道，並無若何玄虛秘妙可言。再看他的觀物思想，曰：「以物觀物，性也。以我觀物，情也。性公而明，情偏而暗。」（皇極經世書卷八下觀物外篇十）又曰：「夫所以謂之觀物者，非以目觀之也；非觀之以目，而觀之以心也；非觀之以心，而觀之以理也。……聖人之所以能一萬物之情者，謂其能反觀也。所以謂之反觀者，不以我觀物也。不以我觀物者，以物觀物之謂也，既能以物觀物，又安有我于其間哉！」（皇極經世書卷六觀物內篇十二）亦頗能消泯人我的界限，化除主觀的偏執，確能使人因博大而快活。固然他想要以經世四象（元、會、世、運）的一定公式來範圍宇宙萬物，既乏必然的道理，未免失之主觀機械；而他所謂的以物觀物亦並未能提出一套下手的工夫來。凡此皆是邵雍經世學說所無可掩諱的缺失。然不論如何，其想包融整個宇宙的高懷宏量，則不得不令人欽敬。

邵雍既終身長隱不出，又抱有「不爲十分人，不責十分事」的處世態度，遂不免會引人誤解，以爲他只是一個山林玩世者。又據載他能預知前事，如他於天津橋上聞杜鵑聲，即慘然不樂，謂南人當入相，天下自此多事。後來果然因王安石的推行新法，使得海內騷然。再如他在臨死之前，準備爲他辦理後事的人在外頭遠處談話，他皆聽得。又能遠知朝廷收却幽州之事。於是好事之徒乃妄加穿鑿附會，邵雍遂亦又爲人所誤解，以爲不過乃算命卜卦者流。然而若就其處世態度言，正由於其能以物觀物，袪除私意，所以他才能達到「無可主張」（三朝名臣言行錄卷十四之二）的地步，非惟不見其有若何的玩世之意，反可充分的顯現出其寬宏能容的胸襟氣度來。至於邵雍的前知能力，黃百家有極好的解釋，曰：「蓋其心地虛明，所以能推見得天地萬物之理。卽其前知，亦非術數比。」（宋元學案卷九百源學案上）卽邵雍自己更嘗謂：「天下之數出於理，違乎理則入於術。世人以數而入於術，故不入於理也。」（皇極經世書卷七下觀物外篇六）又謂：「物理之學或有所不通，不可以强通。强通則有我，有我則失理而入於術矣！」（皇極經世書卷八下觀物外篇十二）所謂理與術之別，在於一爲因果必至之符，一則出於私智穿鑿，其中顯然有很大的分野。針對世人對邵雍的此等誤解，宋史云：「當時學者因雍超詣之識，務高雍所爲，至謂雍有玩世之意。又因雍之前知，謂雍於凡物聲氣之所感觸，輒以其動而推其變焉。於是摭世事之已然者，皆以雍言先之。雍蓋未必然也。」（卷四百二十七邵雍本傳）既足以解世人之惑，更可見邵雍並非玩世不恭者，亦非迷信者流也。

綜觀邵雍之學雖不免有其缺點，而又遭受到世人的誣蔑誤解，因被擯於儒學正統之外，然觀其言曰：「人亦物也，聖亦人也……人也者物之至者也，聖也者人之至者也。」（皇極經世書卷五觀物內篇二）「道爲天地之本，天地爲萬物之本……道之道盡之於天矣，天之道盡之於地矣，天地之道盡之於萬物矣，天地萬物之道盡之於人矣！」（皇極經世書卷五觀物內篇三）又當「熙寧行新法，吏牽迫不可爲，或投劾去。雍門生故友居州縣者皆貽書訪雍，雍曰：『此賢者所當盡力之時。新法固嚴，能寬一分，則民受一分賜矣！投劾何益耶？』」（宋史卷四百二十七邵雍本傳）其言如此，固可顯現其取徑的寬廣，而其堅持人文本位的立場，及任道擔當的胸懷，又豈是我們知人論學所得加以忽略的呢！

八、精思力踐的張載

北宋理學大家，世推周、張、二程，談到他們的成就，本是各有所造，難分軒輊。唯周敦頤與二程兄弟後來得朱熹的大力表彰，再加上二程及朱熹對張載（字子厚，學者稱爲橫渠先生）雖然推讚不絕口，但是却也不免時或略有微辭，如張載著正蒙時，處處置筆硯，得意卽書，程顥乃說：「子厚却如此不熟。」（上蔡語錄中）程頤也說他「有苦心極力之象，而無寬裕溫和之氣，非明睿所照，而考索至此，故意屢偏而言多窒，小出入時有之」（伊川文集卷五答橫渠先生書）朱熹亦云：「橫渠却只是一向苦思求將向前去，却欠涵泳以待其義理自形見處。」（朱子語類卷九十九）因而後人對於張載遂不如周、程之尊禮。其實若論規模的宏濶，制行的堅卓，在理學家之中，蓋難有能出於張載之上者。雖然後來其學之傳稍微，但是他那種卓偉的氣魄與夫篤實的工夫，不僅於後來的理學有莫大的沾溉之功，卽對今日的我們而言，也有甚深的啓導作用在，爲吾人所不可輕忽。

史稱張載之學，「以易爲宗，以中庸爲的，以禮爲體，以孔、孟爲極。」（宋元學案卷十七橫渠學案上）但是他在成學之前，却頗經歷了一番曲折。原來他本是一個貧苦孤兒，惟自小便志氣不羣。初喜談兵，跅弛豪縱；當仁宗康定年間，對西夏用兵之時，載年二十一，即慨然以功名自許，想結客取洮西之地，因上書謁范仲淹。仲淹知其遠器，有意裁成造就，乃責之曰：「儒者自有名敎可樂，何事於兵？」（同上）遂勸其研讀中庸，於是他才翻然有志於道。但是由於年事尙輕，體會欠深，因此猶以爲未足，遂又訪諸釋、老累年，最後還是一無所得，至此又回頭求之於六經。嘉祐初年，他到達京師，可能是年少時的銳氣尙未銷磨淨盡，故高坐虎皮，對衆開講易經。一天，二程兄弟前來與他談論易經及道學之要，乃渙然自信，以爲吾道自足，不事旁求，於是撤座輟講，盡棄異學，內心淳如。從此一心向道，不再徬徨疑惑，而終於到達聖賢之域。由於他的學問是經過如此一番艱難困苦而得來，所以他在自己做工夫處以及接引學者之時，便顯現出一股刻苦嚴毅與不厭不倦的精神來。「先生氣質剛毅，德盛貌嚴。然與人居，久而日親。其治家接物，大要正己以感人，人未之信，反躬自治，不以語人，雖有未諭，安行而無悔。故識與不識，聞風而畏，聞人之善，喜見顏色。答問學者，雖多不倦；有不能者，未嘗不開其端；可語者，必丁寧以誨之，惟恐其成就之晚。」（張子全書卷十五附呂大臨撰行狀）尤其值得我們注意的是他那種奮勵爲學的工夫，據載他「終日危坐一室，左右簡編，俯而讀，仰而思，有得則識之；或中夜起坐，取燭以書。其志道精思，未嘗須臾息，亦未嘗須臾忘也。」（同上）所以朱熹雖然批評他「苦心力索之功深。」（朱子語類卷九十三）「資稟有偏駁夾雜處。」（朱子語類卷一百十三）但也不免要讚嘆道：「橫渠說做工夫處，更精切似二程。」（同上）「學者少有能如橫渠輩用功者，近看得橫渠用功最親切，直是可畏。」（朱子語類卷九十三）而他在開示學者方面，尤貴能從大體著眼，「與諸生講學，每告以知禮成性，變化氣質之道，學必如聖人而後已。以爲知人而不知天，求爲賢人而不求爲聖人，此秦、漢以來學者大蔽也。」（宋史四百二十七張載本傳）其所謂的變化氣質之說更是一道援引後學的無上津梁，無怪乎朱熹要謂此說「極有功於聖門，有補於後學」（朱子語類卷四）了。

張載的思想具見於東、西銘、正蒙及經學理窟之中，其中最爲時人及後世所樂道者，厥爲西銘一篇，此文備述天地萬物與我爲一體的道理，以啓發學者求仁之心，有所謂「民吾同胞，物吾與也」的名句，充分的顯現其胸懷的廣濶與氣象的高遠。基於此種萬物同體的體認，所以他「居恒以天下爲念，道見饑殍，輒蠶糲與共。」（宋元學案卷十七橫渠學案上）「歲大歉，至人相食，家人惡米不鑿，將舂之，先生亟止之，曰：『饑殍盈野，雖蔬食且自愧，又安忍有擇乎？』甚或咨嗟對案，不食者數四。」（張子全書卷十五附呂大臨撰行狀）而當他爲渭州軍事判官公事時，「竝塞之民，常苦乏食，而貸於官帑，不能足，又屬霜旱，先生力言于府，取軍儲數十萬以救之。」（同上）凡此所行，蓋無非是要略盡其爲天下一家中的一分子之所當爲而已。

正由於張載有此天下一家的胸襟，所以他的眼光並不專注在個人的修養上，而更推廣及于整個社會人羣，因此乃特別的注重禮，嘗曰：「禮，天地之德也。」「除了禮，天下更無道矣！」

（張子全書卷五經學理窟禮樂）故不僅以禮來教導學者，並且以禮來敦本厚俗，改造社會，而收到了極好的效果。「其在雲巖政事，大抵以敦本善俗爲先。每以月吉，具酒食，召鄉人高年，會于縣庭，親爲勸酬，使人知養老事長之義，因問民疾苦，及告所以訓戒子弟之意。」（張子全書卷十五附呂大臨撰行狀）「患近世喪祭無法，期功以下未有衰麻之變，祀先之禮襲用流俗，於是一循古禮爲倡。教童子以灑掃應對；女子未嫁者，使觀祭祀，納酒漿；以養遜弟，就成德。嘗曰：『事親奉祭，豈可使人爲之？』於是關中風俗一變而至於古。」（宋元學案卷十七橫渠學案上）雖然關中一帶在他的禮教薰陶之下，風俗爲之丕變，但他既是一個居恒以天下爲念的人，並不以此爲已足，因慨然有志於三代的治法，以期兼濟整個天下。故當熙寧初年，神宗召見問治道時，他便對曰：「爲政不法三代，終苟道也」（同上）以爲仁政必自經界始，如果經界不正，則貧富不均，教養無法，雖欲言治，不過是牽攣補架而已。所以他在晚年，即計議與學者買田一方，畫爲數井，以推明先王的遺法。雖然此願終因他的去逝而未能達成，而後人也頗有批評他好古雖切，却不能够度量世變的推移，深爲他感到遺憾者。但是無論如何，在其心願背後那股廓然大公的精神，却永遠的令人想望不置。

綜觀張載一生，出身困苦，成學亦甚困苦，而栖栖遑遑，以至齎志而歿。雖因此而有「有迫切氣象，而乏寬舒之氣」之譏（二程語錄卷十一），然黃宗羲謂：「此在橫渠已自知之，嘗言吾十有五年，學箇恭而安不成。所謂寬舒氣象即安也。然恭而安自學不得，正以迫切之久，而後能有之。若先從安處學起，則蕩而無可持守，早已入漆園籬落。」（宋元學案十八橫渠學案下）蓋張載不論在個人的持養，或接引後學，或爲整個天下計上，都要使人先有所據守，而後才能圖謀進取。觀其言曰：「爲天地立心，爲生民立命，爲往聖繼絕學，爲萬世開太平。」（張子全書卷十四）從容不迫而又自任之重如此，又豈是他人所能道？而他那種精思力踐，毅然以聖人之詣爲必可至，三代之治爲必可復的堅定信念，豈不是有守而後有爲的最高精神表現，足爲千載之下的我們所應起敬起式的呢！

九、敬義夾持，相反相成的二程兄弟

北宋理學以洛學最爲昌盛，主要原因是洛學宗師程顥（字伯淳，學者稱爲明道先生）、程頤（字正叔，學者稱爲伊川先生）兄弟造道既屬精微，而又最重講學，故其學傳佈最廣。世人亦遂並稱他們兄弟二人爲二程，宛然兩者同趣，彼此並無差異可言。其實若論兩人資性及接引後學的方法，固然是截然不同，即在思想上也有相當的出入。黃百家云：「大程德性寬宏，規模闊廣，以光風霽月爲懷。二程氣質剛方，文理密察，以削壁孤峯爲體。其道雖同，而造德各有所殊。」（宋元學案卷十三明道學案上）蓋實錄也。惟天下學術，百慮而一致，殊途而同歸，談到他們的論學宗旨，則並無不同；而在對於後進的栽培上，更顯現出異曲同工之妙。洛學之所以能稱盛一時，且對於後世產生甚深的影響，實在於他們兄弟二人能從不同的角度，闡發道理的精微，以收相反相成之效，所由致之。

二程兄弟之所以能成爲一代學術重鎮，主要固然是由於他們本身的努力，但家教的薰陶以及師友的講習，亦有其不可磨滅的功勞貢獻在。蓋二程之父程珦，爲人「慈恕而剛斷，平居與幼賤處，唯恐有傷其意，至於犯義理則不假也。左右使令之人，無日不察其飢飽寒燠。前後五得任子，以均諸父之子孫。嫁遣孤女必盡其力，所得俸祿分贍親戚之貧者。伯母寡居，奉養甚至。從兄女旣適人而喪其夫，迎以歸，敎養其子均於子姪。時官小祿薄，克己爲義，人以爲難。」（宋史卷四百二十七程顥傳）此外，他又能不惑於妖妄神怪，當其知龔州時，「宜獠區希範旣誅，鄉人忽傳其神降，言當爲我南海立祠，於是迎其神以往。至龔，珦使詰之，曰：『比過潯，潯守以爲妖，投祠具江中，逆流而上，守懼，乃更致禮。』珦使復投之，順流而去，其妄乃息。」（同上）後來徙知漢州，「嘗宴客開元僧舍，酒方行，人讙言佛光見，觀者相騰踐，不可禁。珦安坐不動，頃之遂定。」（同上）此種胸襟與態度，對於二程兄弟的影響極大。而最重要者，乃在於當程珦代理南安通判時，周敦頤適爲南安司理參軍，珦熟視其所爲，覺其氣貌非常，因與之相友善，並命二程兄弟往受學，二人後來所以能步上聖賢之域，此實爲最大的契機。至於二程的母親侯郡君，乃關學先河侯可之姊，不僅本人「好讀書，博知古今」（宋元學案卷十六伊川學案下）。而且相夫敎子別有一番明通的見識，「二程父有所怒，必爲之寬解；唯諸子有過則不掩，嘗曰：『子之所以不肖者，由母蔽其過，而父不知也。』行而或踣，則曰：『汝若徐行，寧至踣乎？』，嘗絮羹，曰：『幼求稱欲，長當何如？』與人爭忿，雖直不右，曰：『患其不能屈，不患其不能伸。』」（同上）同時她也如程珦一般的不迷信鬼神，「在廬陵，公宇多怪，家人報曰：『有鬼執扇。』曰：『天熱爾！』他日又報曰：『鬼鳴鼓。』曰：『與之椎。』自是怪絕。」（同上）此外，她在二程年幼之時，除了鼓勵他們讀書外，對於他們兄弟的個性及未來的前途，亦早已看出。「有知人之鑒，二先生幼時，勉之讀書，因書線帖上曰：『吾惜勤讀書兒。』又並書二行，前曰殿前及第程延壽（顥幼時名延壽），次曰處士，後皆驗。夫人已知之於童稚中矣！」（同上）程頤嘗曰：「頤兄弟平生於飲食衣服無所擇，不能惡言罵人，非性然也，敎之使然也。」（近思錄卷六家道）可見家敎，尤其是母敎，對於他們兄弟的影響之大。後來當程顥初仕爲京兆府鄠縣主簿時，「南山僧舍有石佛，歲傳其首放光，遠近男女聚觀，晝夜雜處，爲縣者畏其神，莫敢禁止。先生始至，詰其僧曰：『吾聞石佛歲現光，有諸？』曰：『然。』戒曰：『俟復現，必先白。吾職事不能往，當取其首就觀之。』自是不復有光矣！」（伊洛淵源錄卷二）及改上元縣，「茅山有龍池，其龍如蜥蜴而五色，自昔嚴奉以爲神物，先生捕而脯之，使人不惑。」（同上）顥如此，頤亦然，嘗有患心疾者，見物皆獅子，以問程頤，頤敎以見卽直前捕捉之，原來無物，久之，疑疾遂癒。頤並嘗謂凡人之惑於鬼神，都是由於「燭理未明」。（二程語錄卷十一）。凡此皆可見家敎薰陶對於他們兄弟影響的一斑。

論及二程兄弟的師友淵源，對於他們志向的啓發亦頗不淺。蓋當他們只有十幾歲的時候，其父便命彼從學於周敦頤，雖然後來他們學問所得並非由周敦頤而來，但由於受到周敦頤的感召，「遂厭科舉之習，慨然有求道之志。」（宋史卷四百二十七程顥傳）而周敦頤又每令其尋仲尼、顏子樂處，所樂何事，故程顥嘗曰：「某自再見周茂叔後，吟風弄月以歸，有吾與點也之意。」

（二程語錄卷四）即程頤一生不求仕進，有顏回「用之則行，舍之則藏」的精神，亦無非是周敦頤自然恬淡的氣象所給予的潛移默化之功。又胡瑗當程頤游太學時，試諸生以顏子所好何學，得頤論，大爲驚異，即延見，並處以學職，此對程頤後來終生以講學爲其職志，亦必有相當的影響。此外，他們與同時前輩邵雍、張載來往亦極密切，認爲邵、張所講對開大聖學之域極有功勞，並謂：「世之信道篤而不惑異端者，洛之堯夫、秦之子厚而已。」（二程語錄卷五）尤其對於張載的西銘更是特別讚賞，以爲自秦、漢以來，學者所未到，仁孝之理備見於是，遂專以西銘開示學者。程顥且謂張載以禮教學者，使先有所據守，最善。又推讚邵雍深明內聖外王之道，爲振古的豪傑。程頤亦嘗曰：「某接人多矣，不雜者，張子厚、邵堯夫、司馬君實。」（二程語錄卷二）雖然他們兄弟二人並不喜張載的苦思力索及邵雍的先天象數學，但是無論如何，邵、張二人對於二程毅然以聖人之道爲己任的精神的養成，要亦有其啓導之功在。

顥、頤兄弟個性不同，很早卽顯現出來，有一次，隨父知漢州，宿一僧舍，顥入門而右，從者皆隨之；頤入門而左，獨行。蓋顥性和易，人皆樂於親近；頤嚴重，人不敢近也。對於此點，頤也頗有自知，曰：「此是某不及家兄處。」所以二程弟子謝良佐曾云：「明道終日坐如泥塑人，然接人渾是一團和氣。」（宋元學案卷十四明道學案下）劉立之亦曰：「先生（顥）德性充完，粹和之氣，盎於面背，樂易多恕，終日怡悅，未嘗見其忿厲之容。」（同上）至於頤則不然，他性情一向謹嚴，故坐間無問尊卑長幼，莫不肅然。有一回，經筵承受張茂則招請講官啜茶觀畫，他也在被邀之列，但却直口回絕，曰：「吾平生不啜茶，亦不識畫。」終於不往。又有一回，年紀較他們甚長的講學之友韓維，約請二程兄弟到潁昌，暇日同遊西湖，命諸子隨侍，途中有人言貌不莊嚴，頤即回頭厲聲叱責道：「汝輩從長者行，敢笑語如此，韓氏孝謹之風衰矣！」維乃皆逐去之。還有一回，頤偶見詞人秦觀，問：「『天若知也，和天瘦。』是公詞否？」秦觀還以爲程頤很欣賞此句，拱手謙謝，不料他却指斥道：「上穹尊嚴，安得易而侮之？」弄得秦觀很窘。頤不僅對待友朋晚輩如此，甚至對於皇帝也不稍假借，當他爲經筵講官時，一日，講罷未退，上折柳枝，頤乃進曰：「方春發生，不可無故摧折。」哲宗皇帝遂因怕他而討厭他。而他既以天下自任，故議論褒貶，無所顧避，一般大臣也對他感到不悅，尤其是蘇軾等不樂拘檢的文士對於他的作風更爲不滿，兩家門下因此互起標榜，竟引起了洛、蜀黨爭。而頤後來更因黨論削籍，被放竄到涪州。但他在被貶至涪州途中，渡河，船行中流，幾乎翻覆，舟中人皆號哭，只有他正襟安坐如常。等到船終於安然抵岸，同舟父老問他何能獨無怖色，他乃答：「心存誠敬爾！」而當他從涪州的放逐生涯歸來之後，氣貌容色髭髮却都勝於平昔，有人問他何以能然，他卽答曰：「學之力也，大凡學者學處，患難貧賤。」可見他的嚴肅敬謹，固然是天性使然，但也是平日持養的自然表現，有別於一般人的色厲內荏。

正由於兄弟二人的個性的不同，所以他們在接引後學的態度方法上便顯出極大的差異，「明道先生每與門人講論，有不合者，則曰更有商量；伊川則直曰不然。」（二程語錄卷十六）蓋程顯以爲「道之不明於天下也久矣！人善其所自習，自謂至足，必欲如孔門不憤不啓，不悱不發，則師資勢隔，而先王之道或幾乎息矣！趣今之時，且當隨其資而誘之，雖識有明暗，志有淺深，亦各有得焉。而堯、舜之道，庶可馴致。」（宋元學案十四明道學案下）所以他對學者總是多方開導誘掖，唯恐不至。至於程頤則雖然也以爲「初學者須是且爲他說，不然，非獨他不曉，亦止人好問之心也。」（近思錄卷十一教學）但却又曰：「孔子教人不憤不啓，不悱不發，蓋不待憤悱而發，則知之不固；待憤悱而後發，則沛然矣！學者須是深思之，思而不得，然後爲他說便好。」（同上）所以在接引學者處，便不免顯得嚴毅些了。據載「朱公掞來見明道於汝，歸謂人曰：『光庭在春風中坐了一個月。』游（酢）、楊（時）初見伊川，伊川瞑目而坐，二子侍立。旣覺，顧謂曰：『賢輩尙在此乎？』曰：『旣晚，且休矣！』及出門，門外之雪深一尺。」（二程語錄卷十七）所謂如坐春風與程門立雪，此二則成語正可顯示其兄弟兩人接人態度的相異處。惟雖相異而實相成，二程語錄云：「孔子教人常俯就，不俯就則門人不親；孟子教人常高致，不高致則道不尊。」（卷九）卽程顥亦嘗對程頤道：「異日能使人尊師道者是二哥，若接引後學，隨人才成就之，則不敢讓。」（二程語錄卷十七）最足以說明程氏兄弟對於倡導師道的輔成之效。

程顥思想以識仁爲先，謂：「學者須先識仁，仁者渾然與物同體，義禮智信皆仁也。」（二程語錄卷二識仁篇）在他的觀念中，可以謂盈天下者皆是仁，在二程語錄中，他說：「觀鷄雛，此可觀仁。」（卷四）蓋雛鷄雖小，然其天眞活潑，生機盎然之趣，最足以顯現萬物的並行並育，各遂所生。能體會得此，則可以觸類而通，來「觀天地生物氣象。」（二程語錄卷六）所以他又道：「天地之大德曰生，天地絪縕，萬物化醇，生之謂性，萬物之生意最可觀，此元者善之長也，斯所謂仁也。」（二程語錄卷八）爲了要觀此萬物生生自得之意，所以他「書窗前有茂草覆砌，或勸之芟，曰：『不可，欲常見造物生意。』又置盆池，畜小魚數尾，時時觀之，或問其故，曰：『欲觀萬物自得意。』」（宋元學案卷十四明道學案下）夫草和魚，乃人所共見之物，但他却能見草則知生意，見魚則知自得意，可見得他的善於體會仁。由於此，他爲官便處處能以仁民愛物爲懷，嘗云：「一命之士，苟存心於愛物，於人必有所濟。」（伊洛淵源錄卷二）其作縣，「凡坐處皆書視民如傷四字，常曰：『顥素愧此四字。』」（二程語錄卷十七）當其爲上元主簿時，「始至邑，見人持竿以黏飛鳥，取其竿折之，敎之使勿爲，自是鄉民子弟不敢畜禽鳥。」（伊洛淵源錄卷二）其用心可知。是故他對於仁有極貼切的描述，曰：「醫書言手足痿痺爲不仁，此言最善名狀。仁者以天地萬物爲一體，莫非己也。認得爲己，何所不至？若不屬己，自與己不相干，如手足之不仁，氣己不貫，皆不屬己。故博施濟衆，乃聖人之功用。仁至難言，故止曰己欲立而立人，己欲達而達人，能近取譬，可謂仁之方也已。欲令如是觀仁，可以得仁之體。」（論語集註卷三雍也）在識得此一仁體之後，程顥以爲只要以誠敬來存養卽可，曰：「識得此理，以誠敬存之而已，不須防檢，不須窮索……必有事焉而勿正，心勿忘，勿助長，未嘗致纖毫之力，此其存之之道，若存得便合有得。蓋良知良能，元不喪失，以昔日習心未除，却須存習此心，久之可奪舊習。此理至約，惟患不能守；既能體之而樂，亦不患不能守也。」（二程語錄卷二識仁篇）蓋依顥之意，此理本為我之良知良能，為我所固有，只要能識得之，以誠敬存養便能不失，並不須費絲毫之力。其工夫可謂簡捷明白，亦無任何玄虛奧秘可言。

惟程顥雖主學者須先識仁，然要如何去識仁，他並未提出具體的方法來，難免易滋學者之惑。因此其弟程頤乃於誠敬之外，特別提出集義，也就是格物窮理的工夫來，曰：「敬只是涵養一事，必有事焉，須當集義。只知用敬，不知集義，却是都無事也。」（二程語錄卷十一）又曰：「敬只是持己之道，義便知有是有非。順理而行，是為義也。若只守一個敬，不知集義，却是都無事也。且如欲為孝，不成只守著一個孝字，須是知所以為孝之道，所以侍奉當如何，溫凊當如何，然後能盡孝道也。」（同上）蓋在程頤之意，必先識而後才能行，故云：「須是識在所行之先，譬如行路，須是光照。」（二程語錄卷四）既要先識，則應隨時隨處認取事物之宜，從個別事物的理上去體認，待積習既多且久，自然能悟得本體的理。所以他道：「今人欲致知，須要格物。物不必謂事物然後謂之物也，自一身之中，至萬物之理，但理會得多，相次自然豁然有覺處。」（二程語錄卷十）又道：「窮理亦多端，或讀書講明義理，或論古今人物，別其是非，或應事接物而處其當，皆窮理也。或問格物須物物格之，還只格一物而萬理皆知？曰怎生便會該通？若只格一物，便通衆理，雖顏子亦不敢如此道。須是今日格一件，明日又格一件，積習既多，然後脫然自有貫通處。」（二程語錄卷十一）可見他所說的理與其兄所講盈天地間皆是之理並無二致，只是另外提出格物窮理的工夫，使學者有個具體的下手處，而不致於誤入歧途。經過此一番補充，於是「涵養須用敬，進學在致知」（二程語錄卷十一程頤語）遂成程門教人口訣。而顥主敬，頤格物，敬以直內，義以方外，兄弟二人兩相配合，遂完成其合內外之道的理想目標，宋代理學的架構亦遂至此而完全建立起來了。

宋代理學後來演變到朱、陸，可謂已極於發展的顛峯。朱熹主道問學，而陸九淵則重尊德性；朱熹之學遠紹二程，然究竟是偏主於程頤一邊爲多，陸九淵之學雖本於自得，然與程顥所講實多暗合。是後來宋室南渡以後，理學的異趨在他們兄弟身上已顯露端倪。但我們當知，顥、頤兄弟所講雖有偏尙，然宗旨則完全相同，爲我們所宜兼取並受。黃宗義在宋元學案中云：「明道、伊川大旨雖同，而其所以接人，伊川已大變其說，故朱子曰：『明道宏大，伊川親切。』大程夫子當識其明快中和處，小程夫子當識其初年之嚴毅，晚年又濟以寬平處。是自周元公主靜立人極開宗，明道以靜字稍偏，不若專主於敬，然亦唯恐以把持爲敬，故時時提起。伊川則以敬字未盡，益之以窮理之說，而曰：『涵養須用敬，進學在致知。』又曰：『只守一個敬字，不知集義，却是都無事也。』然隨曰：『敬以直內，義以方外，合內外之道。』蓋恐學者作兩項工夫用也。舍敬無以爲義，義是敬之著，敬是義之體，實非有二。自此旨一立，至朱子又加詳焉。於是窮理主敬，若水火相濟，非是則隻輪孤翼，有一偏之義矣！後之學者，不得其要，從事於零星補湊，而支離之患生。故使明道而在，必不爲此言也。兩程子接人之異，學者不可不致審焉。」（卷十六伊川學案下）週至懇切，洵屬知言，信爲我們知人論學所當注意及之。

十、呂大鈞的鄉村改革運動

宋代理學正統，世稱濂、洛、關、閩。就北宋三派而言，周敦頤除接受私人請益之外，生平並不講學，故濂學無傳承可言。但他後來得到朱熹的極力表彰，遂爲人所特別看重。至於關、洛兩派，在當時，關學之盛不下於洛學，唯因靖康之難，宋室南渡，北方受到很大的騷擾，其學之傳遂告中絕。洛學則經由楊時的南傳，大爲昌盛。由於關學的流傳後來中斷，因而即使是在宋室南渡以前，其流衍情形，後人也因文獻的難徵，而無法詳考。就中呂大忠（晉伯）、呂大鈞（和叔）、呂大臨（與叔）兄弟三人，因爲曾經兼師二程，其遺聞佚事爲伊洛淵源錄所採輯，才得以保存下來。

呂氏兄弟三人雖然兼傳關、洛之學，但論其精神，則猶是關學本色。蓋關學主考索，重實踐；洛學則主涵泳，重氣象；彼此所尚不同。按宋元學案稱「先生（按指呂大臨）與晉伯、和叔三人，同德一心，勉勉以進修成德爲事，而又共講經世實濟之學，嚴異端之敎。」（卷三十一呂范諸儒學案）其中呂大臨雖然程顥曾語之以識仁，並以不須防檢，不須窮索來開導他，而他也能默識心契，意中豁如。朱熹亦稱讚他「深潛縝密……資質好，又能涵養。」（朱子語類卷一百一）但程頤終不免要感嘆道：「呂與叔守橫渠學甚固，每橫渠無說處皆相從，纔有說了，便不肯回。」（二程語錄卷十二）大臨如此，被謝良佐議爲「處事太煩碎」（上蔡語錄上）的大忠，與程子謂「沉潛縝密有所不逮於與叔」（二程語錄卷二）的大鈞更不必論了。可見他們兄弟三人雖兼師程門，其實仍是堅守著關學的壁壘。而關學特別崇尚禮與注重實行的特色，遂在他們的身上充分表現出來；其中當以呂大鈞的鄉約最是關學精神的承繼與光揚。

呂大鈞爲人剛正質厚，常言始學行其所知而已，至於道德性命之際，躬行既久，自然可至。毅然以聖門事業爲己任，凡其所知所信而本身能力確然可及者，他總是勇往踐行，從不疑畏，所以識者比之子路。當張載倡道於關中時，絕少有應和者，一時頗爲寂寥。大鈞與載爲同年友，心悅而好之，遂執弟子禮，扣請無間，久而益親，於是學者才靡然知所趨向。他秉承張載之意，喜好講明井田兵制，認爲治道必由是，而且編撰成圖譜，想要作具體的推行。又曾經作了「天下爲一家」、「中國爲一人」二賦。其胸懷抱負由此可想得知。當他丁父憂之時，從始喪以至於葬祭，完全做照古儀進行；居喪之節更是不論鉅細，規矩於禮；且進而推廣到祭祀、冠昏、飲食、相見、慶弔之間，都不與流俗相混，文節粲然可觀。所以人人見而倣效，都能安行而對他敬愛有加。故雖所尚有異的程子亦要許其「任道擔當，風力甚勁。」（二程語錄卷二）張載對他更是讚賞備至，以爲秦俗之化，呂大鈞有很大的功勞在。

正由於呂大鈞能推其在己者以驗諸人，所以他所制定的鄉約便深具社會改革的意義，試圖結合道德與經濟，普遍融入社會大衆的日常生活中，以奠定國家治平的基礎。其中內容分爲四項：一爲德業相勵，二爲過失相規，三爲禮俗相交，四爲患難相恤。各項之下都列擧了衆人所應遵循的具體條文。最値得我們注意者，厥爲其所謂的德，其實都是能；其所謂的業，其實都是待人接物之事；並非偏在個人的道德涵養或功勞事業的建立上。而其所謂的過失相規，除了犯約之過乃係針對鄉約本身而訂之外，其他的犯義之過，不修之過，也大抵是指個人言行之涉及團體生活者而言。至於禮俗相交一項，所列者尊幼輩行、造請拜揖、請召送迎、慶弔贈遺，也依然是剋就人與人相往來之事上立制。雖然其詳細的儀節，在吾人今日看來，或許稍嫌煩瑣，然其基本精神及用心所在，則不得不令人崇敬佩服。最後的患難相恤更是一種同衷共濟的精神表現，與其師張載西銘民胞物與，及其天下一家，中國一人之理想的具體發揚，尤爲我們所不可忽者，以上四項規約的推行，皆有「會集」，而同約之人，或「相與推擧」，或「警勵其不能者」，或「以義理誨諭之」，或「督其違慢」，或「詰之」，或「爲之糾集而繩約之」，或「謀之」，都是借重團體的力量來互相督勵約束、籌謀策劃，其著眼於羣體的精神，由此益[illegible]顯然。

按宋代儒者本於儒家傳統內聖外王的精神，多具有兼濟天下的胸懷與抱負。其最著者，早在北宋初期，卽有范仲淹的以天下爲己任，倡言「先天下之憂而憂，後天下之樂而樂。」並設置義田，以贍活族人。然究其實，范氏所行不過及於其親族之間而已，蓋猶是一種私人性質之慈善事業，影響並不普遍。其後張載雖有意規復井田，以驗之一鄉，實現其仁政必自經界始的理想，但其心願尚未達成，即抱志而歿。呂大鈞秉承其師遺志，創立鄉約，不僅更爲具體化與普遍化，尤貴能超越經濟的觀點，與社會倫理相結合，且收到極好的成效，使關中風俗爲之丕變。所惜大鈞此一鄉村改革運動雖初試有效，唯尚未能推及全國，未幾北宋即告淪亡，鄉約運約亦遂因此中斷。後來朱熹雖想再度推行，然終未能如願。民國初年，一批有心的學者亦嘗試圖推展農村改革計劃，惟卒未見其有顯著的成效。如今社會風氣日趨萎靡，人心日益陷溺，敦本善俗實爲當務之急，對於呂大鈞當年那種有構想，能力踐的志行，吾人宜不應止於徒然心嚮往之而已吧！

十一、道南首倡的楊時

我國文化發源於黃河流域，此後歷經周、秦、兩漢，直到永嘉之亂以後，晉室南遷，政治、經濟的發展才逐漸南移。及至隋、唐一統之後，雖然經安、史之亂及五代紛擾，中原受到很大的摧殘，惟論學術文化，雖至北宋而復甦，執思想界牛耳的濂、洛、關學仍然在北而不在南。一直要到宋室南渡以後，朱熹集理學的大成，號稱閩學，而與之相抗的陸九淵也挺出於江西；此後，若明朝的王守仁（浙江人），以至明末清初的顧（炎武，江蘇人）、黃（宗羲，浙江人），王（夫之，湖南人）三大師也都是南方人。是自南宋以後，我國思想界的重心才由北轉南，而發皇於長江流域一帶。推究此種思想重心南移的趨勢，固然是以漸不以頓，惟承流溯源，這種現象的形成，我們不得不認爲楊時（字中立，學者稱爲龜山先生）實爲此中的關鍵性人物。

按北宋理學自周敦頤首闡心性義理之微以後，一時若邵雍、張載、程顥、程頤等人接踵而起，聲光益盛，而以二程爲領袖的洛學尤爲擅場。當時南方之士仰慕中原文化，北學於中國者，爲數頗多。程門四大弟子謝良佐（顯道）、游酢（定夫）、尹焞（彥明）、楊時，南人即居其二，卽楊時與游酢兩人是也。惟游酢與楊時雖同爲福建人，其屬縣建陽，與楊時鄉里將樂縣亦相近，但是他在程門，雖「鼎足謝、楊」，惟其「遺書獨不傳，弟子亦不振。」（宋元學案卷二十六廌山學案），中年游宦四方，晚又寓居歷陽（山東省），對於鄉里影響旣小，而且公然逃禪，故胡宏譏其「爲程門罪人。」（同上）似此情形，自然難望他能宏揚師教，南傳道學了。至於楊時則於中進士後，卽不赴官，而以師禮見程顥於潁昌。他悟力很高，極爲程顥所鍾愛，每言「楊君會得最容易。」（伊洛淵源錄卷十）及程顥去世之後，他又見程頤於洛陽，這時楊時年已四十，然事師彌恭，世所謂「程門立雪」者，卽是他與游酢的故事。先是張載著西銘，爲二程所推服，以之開示學者，楊時則懷疑其近於墨家的兼愛，與程頤往復辯論，因而獲聞「理一分殊」之說，方始豁然無疑。從此浸淫經書，推廣師說，不遺其力。後來雖也歷仕州縣，但足跡不出大江南北，所至興學立敎，門人獨盛。其學一傳爲羅從彥（仲素），再傳爲李侗（愿中），三傳得朱熹，遂集理學之大成。此外，張栻、呂祖謙之學也都是從其而出。雖然他後來亦不免有逃禪之嫌，然其對於宏揚洛學，光大師門，將北方學術南傳，功勞可謂最大。回顧當楊時初學於程顥，而將南歸之時，程顥曾目送之，曰：「吾道南矣！」證諸楊時後來的表現，蓋亦可以無愧於其師的期許了。

楊時不僅首先將道學南傳，卽在北宋諸子思想的會通上，也有其先導之功。三國演義上云：「天下大勢分久必合，合久必分。」其實不僅政權如此，卽學術思想亦莫不然。春秋戰國時代，先秦諸子，百家爭鳴，各得一察焉以自好；及呂氏春秋、淮南子出，便有意綜貫諸子，以會通各家思想；至漢武帝，遂罷黜百家，獨尊儒術。宋代理學發展的情形也大抵相似，蓋當北宋時期，周、邵、張、程，彼此各有所尚，卽二程兄弟亦不免有所出入。此種理學本身內部的紛歧，直要到南宋朱熹出來，才加以融會調和，而使理學定于一尊。實則早在朱熹之前，楊時已有意無意的從事此項工作。按時旣嘗先後師事二程，又得聞張載西銘的「理一分殊」之說，則三人的學說思想在他身上得到某種程度的調和，乃理所必然之事。如他答胡康侯書云：「通天下一氣也。人受天地之中以生，其盈虛常與天地流通，寧非剛大乎？人惟自梏於形體，故不見其至大；不知集義所生，故不見其至剛。善養氣者無加損焉，勿暴之而已，乃所謂直也。用意以養之，皆揠苗者也，曲孰甚焉！」（楊龜山先生全集卷二十）對於理學稍有認識者，一看便可知此一段話事實上乃包擧周敦頤太極圖說、張載正蒙、程顥識仁篇及程頤集義養氣說的部分而成。又如其論爲學工夫之兼重格物與反身，曰：「爲是道者必先明乎善，然後知所以爲善也。明善在致知，致知在格物。號物之多至於萬，則物蓋有不可勝窮者；反身而誠，而擧天下之物在我矣！詩曰：『天生烝民，有物有則。』凡形色具於吾身者無非物也，而各有則焉；反而求之，則天下之理得矣！由是而通天下之志，類萬物之情，參天地之化，其則不遠矣！」（楊龜山先生全集卷十八答李杭）則顯然是想要溝合二程兄弟的主敬和格物之說。雖然凡其所欲兼容並包者，未免有尙欠瑩澈的地方，然其早於朱熹以前，卽已致力於調和衆說，蓋已十分明顯。

再者，北宋理學諸大家皆罕有著述，卽使有之，分量也都很少；到了南宋朱熹，則一生努力著書，甚至臨死猶不輟。從此以後，學者著述日繁，遂乃蔚成風氣。根據宋史藝文志及清人沈涵所編楊龜山年譜所載，楊時除了後人爲他所編定的楊龜山先生全集之外，生前共有禮記新義、列子解、莊子解、周易解義、論語解、中庸解、孟子義、三經義辯等著作。雖然這八種著作至今皆已失傳，無法知道其內容。但是我們溯源探始，則不得不認爲後來學者傾力著述的風氣，實在也是由楊時首先開創出來的。

綜上所述，吾人可知楊時在宋代學術思想上，雖非能自[illegible]新說的大家，但在學統的傳承上，實已能善盡其承先啓後，繼往開來的職責。後來朱熹之所以能巋然成家，楊時啓導之功，良不可沒。雖然朱熹對於楊時晚年爲蔡京所薦，而出爲秘書郎一事，極爲不滿。曰：「龜山做人也苟且，是時未免祿仕，故胡亂就之。苟可以少行其道，龜山之志也。然來得已不是，及至又無可爲者，只是說得那沒緊要底事。當此之時，苟有大力量，咄嗟間眞能轉移天下之事，來得也不枉。既不能然，又只是隨衆，鶻突。」（朱子語類卷一百一）當然站在春秋責備賢者立場，對於楊時的出處大節，誠有可議之處。但我們看他既出之後，於欽宗朝，力斥蔡京輩的以奢僭相尚，輕費妄用，並極言和議之不可行，則他也並非苟且祿仕，一無所爲者。胡安國謂：「當時若能聽用，決須救得一半。」卽朱熹也認爲胡氏此語頗公允（同上）。是楊時實在也能善盡書生的言責，具有不顧利鈍，勇於擔當的精神。後來王夫之在宋論中云：「楊龜山應詔而出，論者病之，亦何足以病龜山哉？君子之出處惟其道而已矣！召之者以道，應之者以道，道無不可，君子之所可也。徽宗固君也，進賢者君之道也；蔡京固相也，薦賢者相之道也。相薦之，天子召之，爲士者無所庸其引避。天下雖無道，而以道相求，出而志不行，言不庸，然後引身而退，未失也，龜山何病哉？當其時，民病亟矣！改紀一政而緩民之死，卽吾仁也；國危迫矣！匡贊一謀而救國之危，卽吾義也。民卽不能緩其死，而吾緩之之道不靳於言；國卽不能救其危，而吾救之之方不隱於心。則存乎在我者自盡，而不以事之從違爲憂，君子之用心自有弗容已者。徽宗雖闇而猶吾君，蔡京雖姦而猶吾君之相，相薦以禮，相召以義，奚容逆億其不可與有爲而棄之？病龜山者將勿隘乎！」（卷八）剖白楊時的心跡立場，旣可視爲定論，而楊時臨老而出，或許也要如其爲道南首倡般的想開創一種積極參與的風氣，亦未可知呢！

十二、湘學首倡——胡安國

宋室南渡以後，洛學的昌盛，程門高弟楊時南傳之功最大，然胡安國（字康侯，學者稱爲武夷先生）的貢獻亦不可沒。按胡安國曾先後從游於二程弟子楊時、游酢、謝良佐三人，若就此講求，則他應爲程門的再傳。但據其侄胡寅斐然集所載，當安國爲太學生時，「是時元祐盛際，師儒多賢彥，公所從遊者伊川程先生之友朱長文及潁川靳裁之，才識高邁，最奇重公，與論經史大義。」（卷二十五先公行狀）又安國也曾自云：「三先生義兼師友，然吾之自得於遺書者爲多。」（宋元學案卷三十四武夷學案）是胡安國於二程實誼屬私淑，顯然可見。又按胡安國雖爲福建崇安人，但他於中進士後，始而爲荆南敎授，繼而提舉湖南學事，晚年又休於衡嶽之下，講學著書，其最有名的春秋傳卽在此時完成，是其學問的傳授全在湖南。而他的子侄胡寅（明仲）、胡宏（仁仲）、胡寧（和仲）亦多官於湖南，宏並嘗優游於衡山凡二十餘年，玩心神明，教授後學，遂開湖湘之學統。而張栻、朱熹、呂祖謙亦皆曾分別受敎於胡宏、胡憲（原仲）兄弟，爲安國的再傳。是胡氏一門對於洛學的昌明，功勞甚大。全祖望在宋元學案中云：「私淑洛學而大成者，胡文定公其人也……南渡昌明洛學之功，文定幾侔於龜山，蓋晦翁、南軒、東萊皆其再傳也。」（卷三十四武夷學案）實非無所見而云然也。

胡安國之學雖本於二程，然因其嘗受知於朱長文，朱氏爲孫復門人，故安國之學實又遠紹孫復。蓋其有感於王安石廢棄春秋不講之流弊，而又曾親見靖康之禍，所以特別講究春秋之學，曰：「六籍惟此書出於先聖之手，乃使人主不得聞講說，學士不得相傳習，亂倫滅理，用夷變夏，殆由此乎！」（伊洛淵源錄卷十三）於是乃潛心刻意，裒集古今諸儒所講，以論語、孟子、五經書爲權衡，並參酌歷代史，沉酣玩索近三十年，而完成春秋傳一書，以爲春秋乃「傳心之要典，於克己修德之方，尊君父、討亂賊、攘夷狄、存天理、正人心之術，未嘗不屢書而致詳焉。」（同上）其大旨乃在提倡春秋大復仇之義，而以天下爲公爲最後歸宿，故呂祖謙與朱侍講書云：「胡文定春秋傳，多拈出禮運天下爲公意思。蜡賓之歎，自昔前輩共疑之，以爲非孔子語。蓋不獨親其親，子其子，而以堯、舜、禹、湯爲小康，眞是老聃、墨氏之論。胡氏乃屢言春秋有意於天下爲公之世，此乃綱領本源，不容有差。」（呂東萊文集卷三）其書可謂既切時局，而又極富開濶遠見。其子侄寅、宏、寧、憲也都能世其家學，後來朱熹、呂祖謙等人的史學造詣蓋乃有承於他的啓發，甚至明末清初的湖南王夫之也深受其影響。是則胡安國見識的高遠與夫其學的宏濶，卽此蓋亦可以見其一斑了。

由於胡安國的重視春秋之學，所以他對於時勢亦就特別關切，當紹興元年，他奉召爲中書舍人兼侍講，即以時政論奏獻於朝，其論之目爲定計、建都、設險、制國、卹民、立政、覈實、尙志、正心、養氣、宏度、寬隱，實能兼內聖外王二端而立言。自謂雖諸葛復生，爲當日計，也不能有所易。至於平日進言獻納亦都志在匡濟時艱，雖因此數以罪去，然其憂國愛君之心，始終未嘗稍衰。每有君命，即置家事不問，或通宵不寐。惟其急公憂時雖然如此之切，但是對於仕途却並不熱衷，總計他從中擧以至謝事，在官之日還不滿六年。其出處進退，都是「由道據義，信心之所安。其欲出也，非由勸勉；其欲去也，不可挽留。」（斐然集卷二十五先公行狀）以故雖屢被罷黜，不僅毫無怨懟，而且能心安理得。當朱震被召，向他請教出處之宜，他即對曰：「世間惟講學論政則當切切詢究，若夫行已大致，去就語默之幾，如人飲食，其饑飽寒溫，必自斟酌，不可決諸人，亦非人所能決也。某之出處，自崇寧以來，皆內斷於心，雖定夫、顯道諸丈人行，亦不以此謀之，而後亦少悔。浮世利名眞如蠛蠓過前，何足道哉！」（同上）觀此，則其身心所自得與夫胸中所蓄積者爲何如，蓋不難得知。是以當時侯仲良，言必稱二程，於他人無所許可，但是見了安國，也不覺嘆服道：「某以爲志在天下，視不義富貴眞如浮雲者，二程先生而已，不意復有斯人也。」（同上）而謝良佐亦稱讚他云：「胡康侯正如大多嚴雪，百草萎死，而松柏挺然獨秀者也。」（同上）

胡安國行事既一以道義爲斷，故他一生，「見善必爲，爲必要其成；知惡必去，去必除其根。」如他「初登科，同年燕集，微有酒，自是終身飲不過量。」又「嘗好奕，令人曰：『得一第，事業竟耶？』遂終身不奕。」又「爲太學官，同僚爲謀買妾。旣卜姓矣，歎曰：『吾親待養千里之外，何以是爲？』亦終身不復買。」又嘗「奉使湘中，日出按屬部，過衡山下，愛其雄秀，欲登覽，已戒行，俄而止曰：『非職事所在也。』」（斐然集卷二十五先公行狀）又他壯年嘗觀佛書，後來卽屏絕不顧，並於答曾幾書中，判明儒、佛之異，曰：「釋氏雖有了心之說，然知其未了者，爲其不先窮理，反以理爲障，而於用處不復究竟也……聖門之學則以致知爲始，窮理爲要，知至理得，不迷本心，如日方中，萬象畢見，則不疑所行而內外合也。故自修身至於天下國家，無所處而不當矣！」（同上）又曰：「夫良知良能，愛親敬長之本心也。儒者則擴而充之，達於天下。釋氏則以爲前塵，爲妄想，批根拔本而殄滅之，正相反也。」（同上）正由於他有這番深切的體認，故程門高弟如楊時、游酢、謝良佐後來都不免倒向禪學，而胡安國則始終挺立得住。以私淑之誼，而能不悖程門正學，誠可謂難能而可貴了。

在治學方面，胡安國本人固然是勤勤懇懇，「語、孟、五經、諸史，周而復始，至老未嘗釋手。」（伊洛淵源錄卷十三）其教育子弟更是盡心費神，「每子弟定省，必問其所習業，合意則曰：『士當志於聖人，勿臨深以爲高。』不則嚬蹙曰：『流光可惜，無爲小人之歸。』」（斐然集卷二十五先公行狀）「子弟或近出燕集，雖夜已深，猶未寢，必俟其歸，驗其醉否，且問其所集何客，所論何事，有益無益，以是爲常。」（伊洛淵源錄卷十三）因此士子景慕，自遠方來學，他乃隨其資性而接引之，「大抵以立志爲先，以忠信爲本，以致知爲窮理之門，以主敬爲持養之道。開端引示，必當其才；訓厲救藥，必中其病。每誦曾子之言曰：『君子愛人以德，細人愛人以姑息。』故未嘗以辭色假人。」（斐然集卷二十五先公行狀）因此其子弟及來學者都能不降志孫言，努力實學，而不爲世俗所浼。

綜觀胡安國一生，其行止語默，雖如此敬謹有節，而對於權奸亦始終不肯趨附，甚至大加撻伐，以至蒙罪引退。故當欽宗朝，一日，上問中丞許翰識安國否？許翰對曰：「臣雖未識，然聞其名久矣！自蔡京得政，士大夫無不入其籠絡，超然遠迹，不爲所汙，如胡某者有幾？」（斐然集卷二十五先公行狀）但他晚年却因游酢之薦，誤交秦檜，對之屬望頗切，並與其有書疏往還。按奸佞如秦檜者，當時天下爲其所欺者不知凡幾，雖大賢如胡安國亦竟不免，眞如孔子所謂「君子可欺以方」。然後來秦檜嘗薦安國爲詞掖講筵，此時他似已窺見隱微，乃以老病辭，終能保其高風亮節。但不管如何，其有失知人之明，則不可不謂爲他平生的一大缺憾。所幸其子侄寅、宏、寧、憲都能與秦檜決絕，而不被其所牢籠，寅因此流放新州，宏、憲則避檜不仕，寧更以書勸檜辭相位，以順盈虛消息之理，而終被黜。以故朱熹要盛稱道：「游、楊之後多爲秦相所屈，胡文定剛勁，諸子皆然，和仲不屈於秦，仁仲直却其招不往。」（朱子語類卷一百一）卓然自立，不墜家聲，可謂克蓋先人之愆，足以爲千秋萬世的孝子賢孫所引以爲式了。

十三、湘學後勁——張栻

宋室南渡以後，二程學派的傳承有兩大派，一由親炙於二程的楊時南傳入閩，最後得朱熹而光大之。一由二程私淑胡安國流播於湖湘，再傳而得張栻（敬夫）。栻與朱熹並時而生，兩人亦兼相師友，交誼密切。當時閩學、湘學各負擅場，論學各有偏至，大抵而言，「南軒似明道，晦翁似伊川。」（宋元學案卷五十南軒學案）蔚爲學術思想界之光。可惜張栻享年不永，死時年僅四十八，學問思想既尚未充分發展，而其弟子亦大都於其身後轉師陳傅良（君舉）、戴溪（肖望），湖湘之學遂告式微。雖然全祖望在宋元學案中謂：「宣公身後，湖湘弟子有從止齋、岷隱遊者，然如彭忠肅公（龜年）之節概，吳文定公（獵）之勛名，二游文清（九言）、莊簡（九功）公之德器，以至胡盤谷輩，嶽麓之巨子也。再傳而得漫塘（劉宰）、實齋（王遂），誰謂張氏之後弱於朱乎！」（卷七十一嶽麓諸儒學案）其實，自張栻卒後，其學雖不乏傳人，甚至還因宇文紹節（挺臣）、陳槩（平甫）、范仲黼（文叔）等人之力，傳播四川（見宋元學案卷七十二二江諸儒學案），然其聲光之盛究不逮於閩學，既無可諱言，而對於張栻的學問人格，亦並無少損，實不必多費此唇舌。

按張栻爲高宗故相張浚的長子，浚嘗兼師程頤門人焦定及蘇軾從孫蘇元老，蓋能合洛、蜀學而一之。學問、政事兩方面皆有傑出表現，時論至與諸葛亮相提並列。他生四歲而孤，有知人之明，嘗引咎求去位，高宗問可代者，且曰：「秦檜如何？」浚答道：「近與共事，方知其闇。」因此爲秦檜所深恨。其所薦舉者，如虞允文、汪應辰、王十朋、劉拱等，皆一時名臣。又提拔吳玠、吳璘於行伍之間；謂韓世忠忠勇，可倚以大事；一見劉錡，奇之，卽付以事任；後來都成爲名將。以故當他執政期間，從臣朝列都是一時之望，有小元祐之稱。紹興十六年，適彗星出現於西方，浚以秦檜擅權，國勢日益糜爛，擬借機諷議其失，但又恐得禍而貽母憂，內心惶疑不決，身形日漸消瘦，其母詢問緣由，浚據實以對，於是母乃誦其父生前對策曰：「臣寧言而死于斧鉞，不忍以不言而負陛下。」浚心意遂決，上疏縱論當時事勢，因而爲秦檜所排陷，去國近二十年，然其忠君愛國之心則始終未嘗有變。直到秦檜過世，才得再度起用，時時以恢復雪恥爲念，力排和議之論，雖至臨終之前，猶手書付二子曰：「吾不能恢復雪恥，卽死不當葬先人墓左，葬我衡山下足矣！」（宋史卷三百六十一張浚傳）其忠誠之悃可見。他深通易道，嘗言：「留意聖賢之學，愛養精神，使清明在心，自然讀書有見處，以之正身正家，而事業從此興矣！」（宋元學案卷四十四趙張諸儒學案）是其一生事業之表現，都是由於學養而來，最是有本有源。

在這樣的家風涵濡薰陶下的張栻，從小便能深體仁義忠孝之實。稍長，從胡宏學，宏一見，卽知其爲大器，遂以孔門論仁親切之旨告之，栻退而思，若有所得。宏喜曰：「聖門有人，吾道幸矣！」（朱文公文集卷八十九右文殿修撰張公神道碑）然栻却不以此自滿，反更自奮勵，以古聖賢自期，作希顏錄以見志，跋曰：「予願與同志之士，以顏子爲準的，致知力行，趨實務本，不忽於卑近，不遺於細微，持以縝密，而養以悠久，庶乎有以自進於聖人之門牆，是錄之所爲作也。」（南軒文集卷三十三跋希顏錄）其後服官從政，更能時時刻刻以天下爲念，嘗曰：「儒者之政，一一務實，爲所當爲，以護養邦本爲先耳。」（南軒文集卷二十六與施蘄州）故當他爲吏部郎時，時相認爲敵勢衰弱可圖，他則深以邦本不固爲憂，曰：「比年諸道多水旱，民貧日甚，而國家兵弱財匱，官吏誕謾，不足倚仗，正使彼實可圖，臣懼我之未足以圖彼也。」（朱文公文集卷八十九右文殿修撰張公神道碑）因主張修德立政，用賢養民，選將帥，練甲兵，通內修外攘、進戰退守爲一事，且必治其實而不爲虛文，則可以有必勝之形。又當其任侍講時，講詩經葛覃，卽進說治生於敬畏，亂起於驕淫之理，謂若爲國者每念稼穡之艱難，而其后妃不忘織紝之職事，則心不存者蓋寡矣！且因此上陳祖宗自家刑國之美，下斥當日興利擾民之害，愛國憂民之懷溢於言表。甚至於當他寢疾之時，尙微吟道：「舍瑟而作，敢忘事上之忠；鼓缶而歌，當盡順終之理。」（宋元學案卷五十南軒學案）並自作遺表，勸帝親君子，遠小人，絕己偏，公好惡。其志其行，蓋深有其父祖的遺風。

張栻之學大抵本於程顥，以居敬主一爲要，嘗曰：「來書所謂思慮時擾之患，此最合理會處，其要莫若主一。遺書中論此處甚多，須反復玩味，據目下看底意思用功。譬如汲井，漸汲漸清。如所謂未應事前此事先在，既應之後此事尚存，正緣主一工夫未到之故。須是思此事時只思此事，做此事時只做此事，莫教別底交互出來，久久自別。看時似乎淺近，做時極難。某比作主一箴，爲一相識所刋，其間亦有此意。」（南軒文集卷二十七答潘叔昌）又曰：「所諭收歛則失於拘迫，從容則失於悠緩，此學者之通患，於是二者之間必有事焉，其惟敬乎！拘迫則非敬也，悠緩則非敬也。但當常存乎此，本原深厚，則發見必多；而發見之際，察之亦必精矣！若謂先識所謂一者，而後可以用力，則用力未篤，所謂一者只是想象，何由意味深長乎？」（同上）其敎學者，則必使之先有以察於義利之間，然後明理居敬，以造其極，故曰：「學者潛心孔、孟，必得其門而入，愚以爲莫先於義利之辨。蓋聖學無所爲而然也。無所爲而然者，命之所以不已，性之所以不偏，而敎之所以無窮也。凡有所爲而然者，皆人欲之私而非天理之所存，此義利之分也。自未嘗省察者言之，終日之間，鮮不爲利矣！非特名位貨殖而後爲利也。斯須之頃，意之所向，一涉於有所爲，雖有淺深之不同，而其徇己自私則一而已。」（南軒文集卷十四孟子講義序）以有爲無爲來分辨公私義利，就動機上著眼，蓋頗能斷絕私欲之萌，以故朱熹要盛讚其言能「擴前聖之所未發，而同於性善養氣之功」（朱文公文集卷八十九右文殿修撰張公神道碑）了。又按宋儒在做工夫上，或者偏於省察，或者偏在涵養，所重不同。張栻雖承其師胡宏之敎，主察識應先於涵養，曰：「大要持養是本省察，所以成其持養之功者也。」（南軒文集卷二十八與吳晦叔）但他已能深體涵養的重要，以爲兩者當兼行並進，始能成就其功，故又曰：「存養、省察之功固當並進，然存養是本覺，向來工夫不進，蓋爲存養處不深厚。存養處欠，故省察少力也。」（南軒文集卷二十五寄呂伯恭）此外，他的許多論學之語，如云：「理義固須玩索，然求之過當，反害於心。涵泳栽培，日以深厚，則玩索處自然有力也。」（南軒文集卷二十五答呂子約）「箋注詁訓，學者雖不可使之溺乎此，又不可使之忽乎此。要當昭示以用工之實，而無忽乎細微之間，使之免溺心之病，而無躐等之失。」（南軒文集卷二十六答陸子壽）「力貴於壯，而工夫貴於密，若不密，雖勝於暫，而終不能持於久。」（南軒文集卷二十七答喬德瞻）凡此都可見他的平正無偏矯處。是故黃宗羲在宋元學案中要深致讚嘆云：「案湖南一派，在當時爲最盛，然大端發露，無從容不迫氣象，自南軒出而與考亭相講究，去短集長，其言語之過者裁之，歸於平正。有子考无咎，其南軒之謂與！」（卷五十南軒學案）又云：「南軒之學，得之五峯，論其所造，大要比五峯更純粹，蓋由其見處高，踐履又實也。」（同上）卽朱熹平日對於湘學雖有所不滿，如云：「湖南病正在無涵養，所以尋常盡發出來，不留在家。」「湖南一派，譬如燈火要明，只管挑，不添油，便明得也不卽好，所以氣局小，長汲汲然，張筋努脈。」（朱子語類卷一百一）但是對於張栻則大加讚譽，蓋「朱子生平相與切磋得力者，東萊、象山、南軒數人而已，東萊則言其雜，象山則言其禪，惟於南軒，爲所佩服。一則曰：『敬夫見識卓然不可及，從遊之久，反復開益爲多。』一則曰：『敬夫學問愈高，所見卓然，議論出人表。近讀其語，不覺胸中灑然，誠可嘆服。』」（宋元學案卷五十南軒學案）據是則張栻學養之粹，蓋不難推知了。

按湖南之學本由胡安國首先提倡，考胡氏原爲福建人，其後僑寓衡湘，講學著書，以終其生。其子侄寅、宏等繼之，遂開湖湘之學統，後來得張栻而發揚光大之。然張氏亦非湘人，蓋其先本籍隸四川，後隨父徙於衡陽，並受學於胡宏，遂成爲湘學的後勁。此在學術發展史上，實爲一件饒有趣味之事。雖然湘學的發展，後來微告不振，然就師承授受上看來，朱熹、呂祖謙皆嘗從學於胡安國的從子胡憲，熹師事之尤久；呂祖謙之父呂大器也曾從遊於胡安國的高弟曾幾之門。而朱、呂二人與張栻更是情誼密契，互有開益。是閩、浙之學與湘學雖宗旨所尙有異，然其之有得於湘學的沾溉，實非淺鮮。

十四、不立崖岸，胸懷宏大的呂祖謙

古代教育不如今日普遍發達，大抵或於父子之間，或於師弟之間互相傳授；所謂家學或師承遂居於極重要的地位。流風所及，雖至今日，家學淵源猶爲人所樂道。有宋一代，論及家學傳衍之盛，蓋無有能過於由山東東萊徙居浙江婺州的呂氏一家。據宋元學案所載，呂氏一家獲登學案者有八世二十二人之多，分見於卷十九范呂諸儒學案、卷二十三滎陽學案、卷二十七和靖學案、卷三十六紫微學案、卷五十一東萊學案。其間大儒輩出，固不在話下，而中歷宋室南渡，中原文獻幸賴呂家保存者不少，對於學術的傳承與發揚更是功不可泯。先是，呂公著（晦叔）爲仁宗朝宰相呂夷簡之子，自幼卽嗜好學問，甚至於廢寢忘食，其父異之，以爲有公輔之器。後來果然擔任哲宗宰相，與司馬光同心輔政，封申國公。他「自少講學，卽以治心養性爲本，平居無疾言遽色。於聲利紛華，泊然無所好。簡重清靜，識慮深敏，量閎而學粹，不以私利害動其心。」（宋元學案卷十九范呂諸儒學案）旣爲時流所欽敬，並奠立了呂氏一家忠厚謹愨的家風。其長子呂希哲（原明），幼承家教，在簡重寡默的父親，及性嚴有法度，雖甚愛子女，然教之事事循規蹈矩的母親調教下，「甫十歲，祁寒盛暑，侍立終日。不命之坐，不敢坐，日必冠帶以見長者。平居雖天甚熱，在父母長者之側，不得去巾襪縛袴，衣服惟謹。行步出入，不得入茶肆酒肆，市井里巷之語，鄭、衞之音，未嘗經耳。不正之書，非禮之色，未嘗接目。」（宋元學案卷二十三滎陽學案）初學於焦千之，爲歐陽修之再傳；後來又學於胡瑗、孫復、邵雍；亦嘗學於王安石；又因與程頤俱事胡瑗，在太學爲同舍生，雖年齡相若，然心服其學問，卽首先師事之；晚年並嘗學佛。從此遂開呂氏一家集思廣益，不名一師，不私一說之風。至其孫呂本中（居仁），亦先後從游於劉安世（元城）、楊時（龜山）、游酢（廌山）、陳瓘（了翁），尹焞（和靖）、王蘋（震澤）之門，善繼其多識前言往行，以蓄其德的家風。「嘗言德無常師，主善爲師，此論最要。又謂學者當熟究孝經、論語、中庸、大學，然後徧求諸書，必有得矣！」（宋元學案卷三十六紫微學案）世稱大東萊，是爲小東萊呂祖謙（伯恭）的伯祖父。由上所述，我們宜不難窺知呂氏一家相承之風爲如何了。

在這樣一種家風薰陶出來的呂祖謙，雖在少時，性極褊，但後來因在病中讀論語，至「躬自厚而薄責於人」之句，卽能翻然省悟，從此終身不暴怒。及長，從林之奇（拙齋）、胡憲（原仲）、汪應辰（聖錫）、劉勉之（致中）、芮燁（國器）諸先生遊，且與並世學者朱熹、張栻、陸氏兄弟、陳亮（同甫）、陳傅良（君擧）、薛季宣（士龍）、葉適（正則）等人先後相往來。彼此講索切磋，互有資益。因此他學問所及的層面甚廣，也極駁雜，故朱熹云：「其學合陳君學、陳同甫二人之學問而一之。永嘉之學，理會制度，偏考究其小小者，惟君舉爲有所長；若正則則渙無統紀，同甫則談論古今，說王說霸。伯恭則兼君舉、同甫之所長。」（宋元學案卷五十一東萊學案）全祖望則曰：「宋乾淳以後，學派分而爲三：朱學也、呂學也、陸學也。三家同時，皆不甚合。朱學以格物致知，陸學以明心，呂學則兼取其長，而復以中原文獻之統潤色之。」（鮚埼亭集外編卷十六同谷三先生書院記）是以朱熹對他甚表不滿，謂其「和泥合水。」（朱文公文集卷三十三答呂伯恭）「每事鶻突說作一塊」。（宋元學案卷五十一東萊學案）其實若就另一觀點而言，此不僅可見呂祖謙之克承其家風，更可見其心平氣和，不立崖異，與夫集益之功，至廣至大的胸懷氣度。故朱熹在其祭呂伯恭著作文中要盛稱他道：「德宇寬洪，識量閎廓，既海納而川停，豈澄清而撓濁。矧涵濡於先訓，紹文獻於厥家；又隆師而親友，極探討之幽遐。所以稟之既厚而養之深，取之既博而成之粹；宜所立之甚高，亦無求而不備。」（朱文公文集卷八十七）全祖望在宋元學案中亦云：「小東萊之學，平心易氣，不欲逞口舌以與諸公角，大約在陶鑄同類，以漸化其偏，宰相之量也。」（卷五十一東萊學案）洵屬知言。

呂祖謙之學，據全祖望所云，雖說在乾淳以後，可與朱、陸成鼎足之勢，然究不如朱、陸的頭角崢嶸。其最主要的原因乃在於他的個性使然，他嘗云：「爭校是非，不如斂藏持養。」（困學紀聞卷二十雜識）又其與葉正則書亦云：「靜多於動，踐履多於發用，涵養多於講說，讀經多於讀史，工夫如此，然後能可大可久。」（宋元學案卷五十一東萊學案）又云：「古人爲學，十分之中，九分是動容周旋，灑掃應對，一分在誦說。今之學者，全在誦說，入耳出口，了無涵蓄，所謂道聽塗說，德之棄也。」（呂東萊先生文集卷十六禮記說）就此而論，其所崇重，無寧是更近於孔門，更切於人倫日用。而最可貴者則在於他對於其所主張，不僅是口陳標榜，尤在能身體力行。從他與朱熹、張栻的書信中，我們可以發現他對於自己平日爲學進德的情形，經常在下檢討針砭的工夫，如云：「平時徒恃資質，工夫悠悠，殊不精切……於要的處，或鹵莽領略；於凝滯處，或遮護覆藏。爲學不進，咎實繇此。大概以收斂操存，公平體察爲主。」「從前病痛，良以嗜欲粗薄，故却欠克治經歷之功；思慮稍少，故却欠操存澄定之力。積蓄未厚而發用太遽，涵泳不足而談說有餘。」（呂東萊先生文集卷三與張荆州）又云：「前此雖名爲嗜學，而工夫汎漫，殊未精切……推原病根，蓋在徒恃資禀，觀書粗得味，卽坐在此病處，不復精研。故看義理則汗漫而不別白，遇事接物則頹弛而少精神。今仍覺氣質粗厚，思慮粗少，元非主敬工夫。而聖賢之言，本末完具，意味無窮，尤不可望洋向若而不進也。」「爲學固不敢怠棄，但終少師友策厲之益。日用間精明新鮮，時節嘗苦不續，而弛惰底滯，意思未免閒雜，殊以自懼。主一無適，誠要切工夫。但整頓收斂，則易入於著力；從容涵泳，又多墮於悠悠。勿忘勿助長，信乎其難也。」（呂東萊先生文集卷三與朱侍講），凡此皆可見其言行的一致，以故朱熹要稱學如伯恭，方能變化氣質，並遣其長子朱塾向其問學了。

正由於呂祖謙的休休有容，能務自斂養，而不喜與人爭短長。所以交遊特別廣濶，而爲衆人所愛敬；向之問道從學的人亦甚多，而他也樂於聚徒講學，此雖與其相承的家風有所不同，惟因此遂使他在南宋的學術思想界，扮演着溝通學派的重要脚色，並掀起了學術討論的風氣，對於當時學術思想的傳佈發揚貢獻頗大。例如朱、陸的鵝湖之會，卽是由呂祖謙所發起。雖然當時朱、陸之間的歧見並未因此調和，然後來陸九淵之親訪朱熹於白鹿洞書院，並爲諸生講論語「君子喻於義，小人喻於利」章，朱熹盛稱其言「懇到明白，有以切中學者隱微深痼之病。」（朱文公文集卷八十一跋金谿陸主簿白鹿洞書堂講義後）可見呂祖謙的此番苦心，並未完全白費。其他如朱熹與陳亮及永嘉諸子之間，他亦頗花費了一番調停的工夫。雖然後來因爲呂祖謙的早逝（年僅四十五），朱熹、陳亮之間的王霸義利之辯，終於演爲水火不容之勢；而永嘉功利之學亦日益壯盛，與朱熹成晉、楚爭霸之局。甚至因此而禍及呂祖謙，爲朱熹所怪罪，曰：「伯恭無恙時，愛說史學，身後爲後生糊塗輩說出，一般惡口小家議論，賤王尊霸，謀利計功，更不可聽。」（朱文公文集卷三十五與劉子澄）然不論如何，南宋學術思想，自從朱、陸以後，卽漸漸步上和劑斟酌的路線，循流溯源，呂祖謙實爲此中關鍵人物。

呂祖謙雖然主張讀經應多於讀史，但由於他身在南宋偏安之世，目睹時艱，感受深切；又曾歷任史職，編修國史；再加上中原文獻之傳的家學淵源。因此特別究心於史事變遷與禮樂制度的探討，著有左氏傳說、續說、大事記、歷代制度詳說等，以考古論今，指切當時。其於史學方面的成就，遂大於經學。嘗云：「觀史先自書始，然後次及左氏、通鑑，欲其體統源流相承接耳；

國朝典故，亦先考治體本末，及前輩出處。大致於大畜之所謂畜德，明道之所謂喪志，毫釐之間，不敢不致察也。」（呂東萊先生文集卷三與張荊州）又於左氏傳說中首述看左氏規模，曰：「看左傳須看一代之所以升降，一國之所以盛衰，一君之所以治亂，一人之所以變遷。能如此看，則所謂先立乎其大者。」（卷首）此不僅以尚書、左傳爲史書，隱然爲後來章學誠「六經皆史」說的先河；亦可見其治史之目的乃在於借此以見時代的轉移，國家的盛衰，君臣的治亂變遷，而明其得失，以爲借鑑。意欲從史書之中，得其修身之方與夫致治之道。影響所及，遂下開浙東史學的興起，是呂祖謙對於學術思想界的沾潤，則又不僅在於南宋一朝而已。

綜觀呂祖謙一生，由於承受家風的影響，因而特別致力於歛藏收養，是以不論他的爲人或治學，都是平恕委曲，不立崖異，而且一個人的心量究屬有限，以故他雖有心深究性理，然却不及朱、陸的精微。而感於異族的憑陵，因特重史學，以期有補實際，惟宋室沈疴已深，雖勇猛如陳亮者，亦終無可奈何。至其平日所重孝弟忠信，所謂庸言庸行之間者，也無法長久吸引人。因此遂難免爲世人所忽略。然就其對當時以至後來的學術思想界而言，可謂厥功甚偉。黃震云：「東萊先生以理學與朱、張鼎立爲世師，其精辭奧義，豈後學所能窺其萬分之一。然嘗觀之晦翁與先生同心者，先生辯詰之不少恕；象山與晦翁異論者，先生容下不少忤。鵝湖之會，先生謂元晦英邁剛明，而工夫就實入細，殊未易量。謂子靜亦堅實有力，但欠開濶。其後象山祭先生文，亦自悔鵝湖之會集，粗心浮氣。然則先生忠厚之至，一時調娛其間，有功於斯道何如邪！若其講學之要，尤有切於今日者，學者不可不亟自思也。蓋理雖歷萬世而無變，講之者每隨世變而輒易，要當以孔子爲準的耳。孔子敎人以孝弟忠信躬行爲本，至子思則言誠，至孟子則言性，已漸發其秘，視孔子之說爲已深；至濂溪則言太極，至橫渠則言太虛，又盡發其秘，視子思、孟子之說爲益深。一議論出，一士習變。至晦庵先生出，始會萃濂、洛之說，以上達洙、泗之傳。取本朝諸儒議論之切於後學者爲近思錄，然猶以無極太極、陰陽造化冠之篇首，則亦以本朝之議論爲本也。東萊先生乾道四年規約，以孝弟忠信爲本。明年規約，以明理躬行爲本。至其題近思錄卷首，則謂陰陽性命，特使之知所嚮。講學具有科級，若躐等陵節，流於空虛，豈所謂近思。嗚呼！學者可以觀矣！」（黃氏日抄卷四十）對於呂祖謙學術的精神，可謂極爲公允的評價。

十五、宋學的雙壁——朱熹與陸九淵

從南宋以下，直至清朝末年，學術思想雖然有分有合，究其底蘊，大抵難以逾越朱熹（字元晦，學者稱爲晦庵先生）與陸九淵（字子靜，學者稱爲象山先生）兩人之學的藩籬。其間雖亦不乏持反對之見者，然要皆環繞二人之學以發揮議論，始終無法跳脫其範圍而自立門牆。蓋宋代學術既以理學爲其主流，而理學的發展則直到朱、陸兩人始告完全成熟；自此以後，歷宋、元兩朝，以至明代，王陽明繼承陸九淵的餘緒，遂領袖一代的學術思想。降及清代，考據之學大興，其面目雖與宋學迥殊，惟細按其實，仍然是在朱熹之學的籠罩之下。似此情形一直要到西學大量東漸以後，才略爲改觀。由此可見朱、陸兩人之學影響的深遠，而其在學術思想方面的造詣之高，也不難就此推知了。

朱、陸兩人所以能够有此成就，與其幼年時期所顯現出來的穎悟之資及其好學能思的精神，實大有關係。據載，朱熹「甫能言，父指天示之曰：『天也。』熹問曰：『天之上何物？』其父異之。」（勉齋文集卷三十六朱先生行狀）從此直到「五、六歲時，心便煩惱天體是如何？外面是何物？」（朱子年譜卷一上）又嘗其「五歲入小學，始誦孝經，卽了其大義，書八字于其上曰：『若不如此，便不成人。』閒從羣兒嬉遊，獨以沙列八卦象，詳觀側玩。又嘗指日問其父曰：『日何所附？』曰：『附于天。』又問：『天何所附？』其父異之。」（宋元學案卷四十九晦翁學案下）他嘗自道：「某年十四、五時，便覺得這物事是好底物事，心便愛了。某不敢自昧，實以銖累寸積而得之。」（朱子語類卷一百四）「某年十五、六時，讀中庸人一己百，人十己千一章，因見呂與叔解得此段痛快，讀之未嘗不悚然警厲奮發。」（朱子語錄卷四）若陸九淵則自小侍奉其父，行遇事物，凡有所疑，必定致問，「三、四歲時，問其父天地何所窮際，父笑而不答，遂深思至忘寢食。及總角，擧止異凡兒，見者敬之。謂人曰：『聞人誦伊川語，自覺若傷我者。』……初讀論語，卽疑有子之言支離。他日讀古書，至宇宙二字，解者曰：『四方上下曰宇，往古來今曰宙。』忽大省曰：『宇宙內事乃己分內事，己分內事乃宇宙內事。』又嘗曰：『東海有聖人出焉，此心同也，此理同也；至西海、南海、北海有聖人出，亦莫不然。千百世之上有聖人出焉，此心同也，此理同也；至於千百世之下有聖人出，此心此理亦無不同也。』」（宋史卷四百三十四陸九淵本傳）又嘗自謂：「吾自幼時，聽人議論似好，而其實不如此者，心不肯安，必要求其實而後已。」（象山全集卷三十四語錄上）是可見宋代理學的發展雖至北宋末年已經規模具立，然若非天縱英才，再加上自己本身能深切體悟，則朱、陸二人亦難將其挽至登峯造極之境。而理學的異趨固然自二程兄弟已漸顯露，然則必待朱、陸出，始完全呈現雙峯並峙之勢者，若就兩人年幼之時資性的偏尙加以探討，則後來兩人之學，一則主於外入，一則重在內出，蓋自不難窺見其端倪。

朱、陸之學的不同又可自其師承之異一端探究其中消息。蓋朱熹父朱松嘗師事楊時門人蕭顗（子莊）、羅從彥（仲素），以傳河洛之學，得古聖賢不傳的遺意。日必誦讀大學、中庸之書，以用力於致知誠意之地，嘗自覺個性卞急害道，因此乃取古人佩韋之意，以名其齋，早晚居處其間，以自我警飭。由是從前所得於觀察考索者，遂更有自信而守之益堅。其後因爲不附和議，忤秦檜之意而去國。文章行誼，爲學者師。朱熹旣承其轉益多師的家學，又禀承其父遺命，從遊於父執胡憲（原仲）、劉勉之（致中）、劉子翬（彥冲）三先生之門；後來更師事其父的同門友李侗（愿中）；此外，又與張栻、呂祖謙諸人相往來；其傳道切磋之人都是當時的有識之士。旣博訪而周諮，又徧求之經傳，用能集周、張、二程的大成，而其學亦遂自然的走向博洽之途。至於陸九淵，則雖然全祖望在宋元學案中云：「程門自謝上蔡（良佐）以後，王信伯（蘋）、林竹軒（季仲）、張無垢（九成），至于林艾軒（光朝）皆其前茅，及象山而大成。」（卷五十八象山學案）其實陸九淵與謝良佐以下諸人雖有相似之處，然彼此並無淵源可言。全氏蓋受黃震言陸九淵「遙出於上蔡」（宋元學案卷二十九震澤學案）之說的影響，再加上自己的臆測而成，並不可信。至陸九淵對於程顥則雖然頗爲推重，其精神面貌亦能與之相印，惟亦無統緒可尋。是就廣義而言，尙可稱其遠紹大程，與朱熹同出於伊洛之學。然若就嚴格的師傳而論，則陸九淵實係與其兄陸九韶（子美）、陸九齡（子壽）自相師友，而其最初本源，則他蓋嘗明白的自道：「因讀孟子而自得之。」（象山全集卷三十五語錄下）旣其學係本於自得，遂不期然而然的歸向於簡約一路。是朱、陸二人，一如海涵川納，一如孤峯特起，意趣不同，又不難就此覘之。

朱熹之學係融會周敦頤、張載的形上學與二程兄弟的心性修養工夫而成，大抵是主張「窮理以致其知，反躬以踐其誠，而以居敬爲主。」（宋元學案卷四十八晦翁學案上）規模旣極爲濶大，思慮亦復精微，爲我國繼孔子、鄭玄以後，最具綜貫能力的一人。其最偉大的精神表現在他一生孜孜矻矻的從事著作和講學上。蓋他嘗以爲聖賢道統之傳散在方册，聖經之旨不明，而道統之傳始晦，因此乃竭其精力，以研窮聖賢的遺訓。生平著書極多，「於大學、中庸則補其闕遺，別其次第，綱領條目粲然復明。於論語、孟子則深原當時答問之意，使讀而味之者如親見聖賢而面命之。於易與詩則求其本義，攻其末失，深得古人遺意於數千載之上。凡數經者見之傳注，其關於天命之微，人心之奧，入德之門，造道之域者，旣已極深研義，探賾索隱，發其旨趣而無遺矣！至於一字未安，一詞未備，亦必沉潛反覆，或達旦不寐，或累日不倦，必求當而後已。故章旨字義至微至細，莫不理明詞順，易知易行。於書則疑今文之艱澀，反不若古文之平易。於春秋則疑聖心之正大，決不類傳注之穿鑿。於禮則病王安石廢罷儀禮，而傳記獨存。於樂則憫後世律尺旣亡，而淸濁無據。是數經者亦嘗討論本末，雖未能著爲成書，然其大旨固已獨得之矣！若歷代史記則又考論西周以來，至於五代，取司馬公編年之書，繩以春秋紀事之法，綱擧而不繁，目張而不紊，國家之理亂，君臣之得失，如指諸掌。周、程、張、邵之書，所以繼孔、孟道統之傳，歷時未久，微言大義鬱而不章；爲之裒集發明，而後得以盛行於世。太極、先天二圖精緻廣博，不可涯涘，爲之解剝條畫，而後天地本原，聖賢蘊奧，不至於泯沒。程、張門人祖述其學，所得有深淺，所見有疏密；先生既爲之區別，以悉取其所長；至或識見小偏，流於異端者，亦必研窮剖析而不沒其所短。」（勉齋文集卷三十六朱先生行狀）在講學方面則能以其明白親切的態度，不厭不倦的精神，指導爲學的次第，開示讀書的方法，其「敎人以大學、語、孟、中庸爲入道之序，而後及諸經。以爲不先乎大學則無以提綱挈領而盡論、孟之精緻，不參之以論、孟則無以融會貫通而極中庸之旨趣；然不會其極於中庸則又何以建立大本，經綸大經，而讀天下之書，論天下之事哉！其於讀書也，又必使之辯其音釋，正其章句，玩其辭，求其義，研精覃思以究其所難知，平心易氣以聽其所自得。然爲己務實，辯別義利，毋自欺，謹其獨之戒，未嘗不三致意焉，蓋亦欲學者窮理反身而持之以敬也。從遊之士迭誦所習以質其疑，意有未諭則委曲告之而未嘗倦，問有未切則反覆戒之而未嘗隱。務學篤則喜見於言，進道難則憂形於色。講論經典，商略古今，率至夜半。雖疾病支離，至諸生問辨，則脫然沉痾之去體。」（同上）因此之故，四方學者皆樂於相從，「摳衣而來，遠自川蜀；文詞之傳，流及海外；至於邊徼，亦知慕其道，問其起居。窮鄉晚出，家蓄其書，私淑諸人者，不可勝數。」（同上）對於學術的傳揚，成功至偉。據載，曾有人勸他少著書，他却回答道：「在世間喫了飯後，全不做得些子事，無道理。」（朱子語類卷一百五）甚至在他臨死前三日，猶在改定大學誠意章。又他如「一日不講學，則惕然常以爲憂。」（勉齋文集卷三十六朱先生行狀）以至當他在受到韓侂胄等奸佞之臣的詆誣，被目爲僞學，生命亦遭遇危險，士之繩趨尺步，稍以儒名的人都無法容其身，而從遊之士當中，特立不顧者皆屏伏丘壑，而依阿巽懦者則改名他師，過門不入；甚至於變易衣冠，狎遊市肆，以自別其非黨的時候，他仍然無所畏避的日與諸生講學不輟。有人勸他謝遣生徒，他則笑而不答。充分的顯現其力肩斯道，責無旁貸的擔當勇氣來。

陸九淵之學直承孟子「學問之道無他，求其放心而已」之意，主張先立乎其大者，以復其本心。蓋其以爲宇宙之理具足吾心，不待外求，故曰：「天之所以與我者卽此心也，人皆有是心，心皆具此理，心卽理也。」（象山全集卷十一與李宰）「萬物森然於方寸之間，滿心而發，充塞宇宙，無非此理。」（象山全集卷三十四語錄上）因此只要能明得此心，便能明得此理，便能不爲外物所奪，故嘗告學者曰：「汝耳自聰，目自明，事父自能孝，事兄自能弟，本無少缺，不必他求，在乎自立而已。」（同上）又曰：「此理本天所以與我，非由外鑠。明得此理，卽是主宰，眞能爲主，則外物不能移，邪說不能惑。」（象山全集卷一與曾宅之）但是一般人的本心却往往容易因受到蒙蔽而陷溺，大抵而言，「愚不肖者之蔽在於物欲，賢者智者之蔽在於意見，高下汙潔雖不同！其爲蔽理溺心而不得其正則一也。」（象山全集卷一與鄧文範）因此認爲當先掃除此一切蔽障，則讀書始能有得，否則，不僅是舍本逐末，抑且反而有害，曰：「學者須是打疊田地淨潔，然後令他奮發植立，若田地不淨潔，則奮發植立不得。古人爲學卽讀書，然後爲學可見。然田地不淨潔，亦讀書不得；若讀書則是假寇兵，資盜糧。」（象山全集卷三十五語錄下）由是可見陸九淵並非不教人讀書，唯在讀書之先，必須作好明心的工夫，並加以涵養而使其勿失而已。所以他教人卽以辨志爲先，要人在動機上先審明公私義利的分野，則雖從事任何事業皆可以不失於正。他嘗謂：「傅子淵自此歸其家，陳正己問之曰：『陸先生教人何先？』對曰：『辨志。』正己復問曰：『何辨？』對曰：『義利之辨。』若子淵之對，可謂切要。」（象山全集卷三十四語錄上）其所提示的工夫眞是簡捷痛快，而又樸實之至。正由於他的重視本心，所以其平日講學，卽能「深知學者心術之微，言中其情，或至汗下。有懷於中而不能自曉者，爲之條析其故，悉如其心。亦有相去千里，素無雅故，聞其大概，而盡得其爲人。」（象山全集卷三十三楊簡撰象山先生行狀）又他應朱熹之邀，到白鹿洞書院講論語「君子喻于義，小人于利」章，亦能發明敷暢，而又懇到明白，皆有以切中學者隱微深痼之病，使聽者莫不悚然動心。其所講倡，既能指出人的病痛，又能激勵人的志氣，在功利習深，科舉弊重的當時，確爲一針見血之言。卽在今日而言，亦不失爲一切中時弊的對症藥方。

由上所述，我們蓋不難發現朱、陸兩人在思想上確存在著相當大的差異。因此在兩人生前，卽有所謂朱、陸之辯；及其身後，兩家之爭更是愈演愈烈，幾於勢同水火。然就我們今天看來，兩人在本體方面的太極無極之辯，以及心性方面的「心卽理」與「性卽理」之爭，實在都是起於彼此對文字訓解暨心性涵義範圍的看法不同，當然容易因糾纏不清而起無謂的爭議。倒是由此引發出來的工夫問題却大値我們注意，大抵朱熹側重格物致知，以期一旦豁然貫通。陸九淵則側重反身而誠，反身之道唯在復其本心，本心既復，然後可以讀書。蓋朱熹之意，欲令人泛觀博覽，然後歸之約；陸九淵之意則欲人先發明本心，而後使之博覽。於是朱遂以陸的敎法爲太簡，陸則以爲朱的敎法爲支離。朱熹既然要使人先泛觀博覽，於是便自然的走向讀書博學之道，以爲「爲學之道，莫先於窮理，窮理之要，必在於讀書。」（朱文公文集卷十四甲寅行宮便殿奏劄）因致力於研窮經傳。然却因此而被誤認爲其敎人只是在添，其實朱熹一生最大事業所在乃在勘定四書以取代五經，其對於漢、唐諸儒的章句訓詁之學而言，已是減了許多。若陸九淵則欲使人先發明本心，於是便有「學苟知本，六經皆我注脚。」（象山全集卷三十四語錄上）「某則不識一字，亦須還我堂堂地做個人。」（象山全集卷三十五語錄下）之說，而終於步上爲道日損之途，力求剝落減却。因亦被誤認爲主張不讀書，其實他嘗自言：「某何嘗不敎人讀書？」（同上）又曰：「所謂讀書須當明物理，揣事情，論事勢。」（同上）「前言往行，所當博識；古今興亡治亂，是非得失，亦所當廣覽而詳究之。」（象山全集卷十二與陳正己）既可以看出其對於讀書的眞正態度，而讀書之必須要歸結到他所謂的在「人情物理上做工夫。」（象山全集卷三十五語錄下）的事上來，又足以破世人謂其學近禪之譏了。正由於兩家之學究竟難免各有所偏尙，於是所謂道問學與尊德性之別遂告產生。朱熹生前卽嘗明白自承，謂陸九淵所說專是尊德性事，而他自己平日所說，却是道問學上多了些。後來黃宗羲更指陳道：「先生（九淵）之學以尊德性爲宗，謂先立乎其大，而後大之所以與我者不爲小者所奪。夫苟本體不明，而徒致力于外索，是無源之水也。同時紫陽之學則以道問學爲主，謂格物窮理乃吾人入聖之階梯。夫苟信心自是，而惟從事于覃思，是師心自用也。」（宋元學案卷五十八象山學案）可見兩家壁壘的分明。

按尊德性與道問學語出中庸，其言曰：「君子尊德性而道問學，致廣大而盡精微，極高明而道中庸，溫故而知新，敦厚以崇禮。」蓋猶孔子學思並重之意，本爲一合內外之道，彼此只有相輔相成之理，並無截然分立之意。唯人的資禀既然有高下之別，其所從入之途便不能不有所不同。但是其最後的目標嶄向則並無二致，故黃百家云：「陸主乎尊德性，謂先立乎其大，則反身自得，百川會歸矣！朱主乎道問學，謂物理既窮，則吾知自致，滃霧消融矣！二先生之立教不同，然如詔入室者，雖東西異戶，及至室中則一也。」（宋元學案卷五十八象山學案）即朱熹亦嘗謂：「熹又聞之，古之君子，尊德性矣，而必曰道問學；致廣大矣，必曰盡精微；極高明矣，必曰道中庸；溫故知新矣，必曰敦厚崇禮。蓋不如是，則所學所守必有偏而不備之處……蓋所謂德性、廣大、高明、知新者必有所措，而所謂問學、精微、中庸、崇禮者又非別爲一事也。」（朱文公文集卷三十七與王龜齡書）可見朱熹已能體認兩者的一體性，所以他在發覺自己敎法上的偏重道問學後，卽曾表示：「大抵子思以來，敎人之法惟以尊德性道問學兩事爲用力之要。今子靜所說專是尊德性事，而熹平日所論，却是問學上多了些。所以爲彼學者多持守可觀，而看得義理全不子細，又別說一種杜撰道理，遮蓋不肯放下。而熹自覺雖於義理上不敢亂說，却於緊要爲己爲人上多不得力。今當反身用力，去短集長，庶幾不墮一邊耳。」（朱文公文集卷五十四答項平甫）並以之深誡學者曰：「愚意比來深欲勸同志者，兼取兩家之長，不可輕相詆訾。」（朱文公文集卷五十四答諸葛誠之）後來全祖望更嘗綜合言之曰：「予嘗觀朱子……教人以窮理爲始事，積集義理，久當自然有得。至其以所聞所知，必能見諸施行，乃不爲玩物喪志，是卽陸子踐履之說也。陸子……以發明本心爲始事，此心有主，然後可以應天地萬物之變。至其戒束書不觀，游談無根，是卽朱子講明之說也。斯蓋其從入之途各有所重，至於聖學之全，則未嘗得其一而遺其一也。」（鮚埼亭集外編卷十四淳熙四先生祠堂碑文）明乎此，則知朱、陸兩家之學雖各有所偏重，然並非如冰炭之絕不能相容。至於入手工夫的孰先孰後，則不妨就個人資禀所近，擇宜而從可也。朱熹云：「南渡以來，八字著脚，理會實工夫著，惟某與陸子靜二人而已。」（宋元學案卷五十八象山學案）是我們今日爲學所重，當在如何認取朱、陸兩人闡揚理學，扶持聖道的用心，及其精神對吾人的啓示，以理會實工夫，至於所謂朱、陸異同，則可以置之勿辯了。

十六、宋學的異軍——葉適

南宋偏安之局既已形成以後，北宋以來造成靖康之難的種種失宜政策，不僅未能改絃易轍，甚至還有變本加厲之勢；是以政風頽壞，民生凋敝，國勢日益阽危。而宋代學術自從周敦頤首闡心性義理之微以來，遞經理學諸大家的講倡，理學遂成有宋一代學術思想的主流。其所崇重，尚不失傳統儒者明體致用的本旨，對於當時的世道人心尤大有助益。可是心性之辯愈精，事功之味難免相對而愈淡，且其說雜釋、老，亦不無過高支離之病，理學本身遂顯出其內部的缺陷。流弊所及，一些自附於理學的猖狂之輩，遂漸失本眞，以爲誠正當講，治平可略，平日但獵取語錄中一二語句，以互相標尙。宋史載孝宗之語曰：「近世士大夫好高論，恥言農事，微有西晉風。豈知周禮與易言理財，周公、孔子何嘗不以理財爲務？且不獨此，士夫諱言恢復，不知其家有田百畝，內五十畝爲人所據，亦投牒理索否？」（卷三百九十六趙雄傳）周密更引沈仲固之語曰：「道學之名，起於元祐，盛於淳熙，其徒有假其名以欺世者，眞可以噓枯吹生。凡治財賦者則目爲聚斂，開閫扞邊者則目爲麤材，讀者作文者則目爲玩物喪志，留心政事者則目爲俗吏。其所讀者止四書、近思錄、通書、太極圖、東西銘、語錄之類，自詭其學爲正心修身齊家治國平天下。故爲之說曰：『爲生民立極，爲天地立志，爲萬世開太平，爲前聖繼絕學。』其爲太守，爲監司，必須建立書院，立諸賢之祠；或刋註四書，衍輯語錄；然後號爲賢者。則可以釣聲名，致膴仕。而士子場屋之文，必須引用以爲文，則可以擢巍科，爲名士。否則，立身如溫國，文章氣節如坡仙，亦非本色也。於是天下競趨之，稍有議及其黨，必擠之爲小人。雖時君亦不得而辨之矣！其氣燄可畏如此。然夷考其所行，則言行了不相顧，卒皆不近人情之事。異時必將爲國家莫大之禍，恐不在典午清談之下也。」（癸辛雜識續集下）似此情形，看在有心者眼裡，自然不免心憂，而思加以挽救，於是浙東功利之學乃乘時而興，想要以經世之學，在事功方面求發展，以期有補實際。

考浙東學者以事功相獎尙者，大抵有三支：一爲金華唐仲友（與政）、一爲永康陳亮（同甫）、一爲永嘉薛季宣（士龍）、陳傅良（君擧）、葉適（字正則，學者稱爲水心先生）輩。其中唐仲友以經世立治術，其學務黜空疏而歸實用，然其性頗孤介，與同時浙東諸子都不相往來，但孤行其敎而已。晚年又爲朱熹所劾，從此杜門著書，鬱鬱以終。自然不能蔚成風氣，別開生面。至於陳亮，則嘗與朱熹議論王霸，移書反覆，始終不屈，氣頗猛銳，然其學「專言事功而無所承。」（宋元學案卷五十六龍川學案）旣淺於性命，又昧於經制，終不免流於粗莽。且其本人，晚年尤有慚德。是其所標榜者，不過是一個人英雄主義而已。永嘉諸子之中，薛季宣、陳傅良皆頗注重於制度的探討，惟其所尚猶偏在於對實務的重視，似未有意於濂、洛之統以外，另立門戶。直到葉適才逕從義理的立場，以與朱學相抗，而成爲當時以經制言事功學者的翹楚，在學術思想界佔有相當地位。故全祖望在宋元學案中云：「乾、淳諸老既歿，學術之會總爲朱、陸二派，而水心斷斷其間，遂稱鼎足。」（卷五十四水心學案上）其實朱、陸之辯還只是一家之爭，至於葉適，則既精於制度，得浙學的眞傳；又能言義理，遂成爲閩學的勁敵。其與朱熹，蓋已成晉、楚爭霸之局，爲宋代學術思想史上一支突起的異軍。

按浙東學者與當時一般理學家最大的差異之處，乃在於特別看重史學，因此其學較偏尚於實際，而尤措意於講明因果，評說世變，考索制度，議論時勢。其目的無非在於有補世道，以救時失。葉適秉承此種學風，故其論學，本於「周官言道則兼藝。」（習學記言卷七周禮）之旨，以爲道實不外於人倫事物，嘗云：「欲折衷天下之義理，必盡考天下之事物，而後不謬。」（水心文集卷二十九題姚令威西溪集）意欲綰合學術與治道，以盡廢後儒的浮論，故曰：「學實而已，實善其身，實儀其家，移以事君，實致其義，古今共之，不可改也。」（水心文集卷十三郭府君墓誌銘）又曰：「讀書不知接統緒，雖多無益也；爲文不能關教事，雖工無益也；篤行而不合於大義，雖高無益也；立志不存於憂世，雖仁無益也。」（水心文集卷二十九贈薛子長）所以他對於理學末流的遠於事物，高談心性，極表不滿，曰：「古人多識前言往行，謂之畜德。近世以心通性達爲學，而見聞幾廢，爲其不能畜德也。」（水心文集卷二十九題周子實所錄）並進而對曾子以下諸儒，凡程、朱所指以爲道統者，都加以攻駁，認爲曾子並未獨傳孔子之道，中庸所述未必爲孔子之遺言；又以爲大學不足信，十翼非孔子作；謂孟子雖能上承道統之傳，然論學有所偏。且以之批評周、張、二程，指其所據既然有差，則其所陳的義理自然不能深信。雖然「其言砭古人多過情。」（宋元學案卷五十四水心案上）其中誠有「不免於駭俗者。」（四庫全書總目提要卷二百十六）而其想要從義理上，就理學家所依據的學、庸與易傳，來推翻朱熹所建立的道統，就以後學術思想史的發展來看，也並未能成功。最主要的原因，實在於葉適所論，多攻擊破壞而少建設樹立。其云「讀書不知接統緒，雖多無益。」語雖不差，但是他所謂的統緒究何所指，則並未明言，誠不如朱熹的道統說容易爲人明白把握。是嚴格而論，葉適僅可謂爲一思想批評家，而非思想家。然在我們今日看來，凡其所致疑者，固然有未盡然處，但也不乏確當不易者，「要亦有卓然不經人道者，未可以方隅之見棄之。」（宋元學案卷五十四水心學案上全祖望語）「所言不無過高，以言乎疵則有之，若云其概無所聞，則亦墮于浮論矣！」（同上黃宗羲語）而在理學盛行，舉世風從的時代，他能不趨風氣；本其注重思辨的精神，與不盲從偏信的態度，以期繩舛救偏，處心措意，實在至爲可取。

在義理上，葉適雖然是披堅執銳，想要攻陷朱學之陣，却終歸失敗，但對於當世之務，他則有相當的識見，足以破世俗的浮論。如他論治道云：「按孔子言安上治民莫善於禮，移風易俗莫善於樂，初不及政刑……今以禮樂刑政融會並稱，而謂其不二，則論治之淺莫甚於此。」（習學記言卷八禮記）論財計云：「夫聚天下之人，則不可以無衣食之具。衣食之具或此有而彼亡，或彼多而此寡，或不求則伏而不見，或無節制則散而莫收，或消削而浸微，或少竭而不繼，或其源雖在而浚導之無法，則其流壅遏而不行。是故以天下之財與天下共理之者，大禹、周公是也。古之人未有不善理財而爲聖君賢臣者也。」（水心別集卷二財計上）「理財與聚斂異。今之言理財者聚斂而已矣！非獨今之言理財者，自周衰而其義失，以爲取諸民而供上用，故謂之理財。而其善者則取之巧而民不知，上有餘而下不困，斯爲理財而已矣！故君子避理財之名，而小人執理財之權……嗚呼！使君子避理財之名，小人執理財之權，而上之任用亦出於小人而無疑，民之受病，國之受謗，何時而已！」（同上）論軍事云：「自古兩敵相爭，高者修德行政，下者蓄力運謀。」（水心別集卷十患虛論二）「夫法所以用兵，而兵之成敗不專在於法。若必以法爲勝，則蚩尤、桀、紂若林之旅，豈其皆無法哉？且項羽之於漢高，嘗百勝，一敗而亡，豈漢一日而有法哉？」（習學記言卷四十六太宗李靖問答）而其推尋宋代所以致弊的原因，痛陳集權法密之害，尤爲深刻痛切，曰：「國家因唐、五季之極弊，收斂藩鎮，權歸於上，一兵之籍，一財之源，一地之守，皆人主自爲之也。欲專大利而無受其大害，遂廢人而用法，廢官而用吏，禁防纖悉，特與古異，而威柄最爲不分。雖然，豈有是哉？故人材衰乏，外削中弱，以天下之大而畏人，是一代之法度又有以使之矣！」（水心外集始議二）綜觀以上葉適所論，既深悉世務，且藹然儒者之言，雖程、朱諸儒亦無以過之。而對於當前國家局勢的關切之深，至於不覺感慨而言之，其心情意概，更是值得我們感佩。

由於葉適極關切時事，故他平日每以恢復爲言，希望能洗雪靖康之恥，收復中原故土。但他並非一急功躁進者，其意蓋在於修邊而不急於開邊，整兵而不急於用兵。因此對於守禦之道尤爲措意，然其根本則又在於節用減賦，以寬民力。以爲必先安內，然後可以徐圖進取。據宋史載：「適志意慷慨，雅以經濟自負。方侂胄之欲開兵端也。以適每有大讎未復之言，重之。而適自召還，每奏疏，必言當審而後發，且力辭草詔。」（卷四百三十四葉適本傳）可見葉適雖然志切復仇，但也深知仁義不至，政事不立，並不能成事，故全祖望云：「水心非浪用兵者也。」（宋元學案卷五十四水心學案上）可是宋史却又謂：「第以出師之時，適能極力諫止，曉以利害禍福，則侂胄必不妄爲，可免南北生靈之禍，議者不能不爲歎息焉。」（卷四百二十四葉適本傳）對於葉適顯然深有所憾。實則葉適平日論兵之旨，講之已明。韓侂胄不可能不知。而且在兵興之前，適既每奏疏，必言當審而後發，並拒絕草詔，態度更是顯然，侂胄亦當知之。考韓侂胄自從慶元用事以來，驕横恣縱，剛愎自是，既一心想要立蓋世功以自固，就算葉適再極力諫止，韓侂胄豈肯接納？而今竟把開禧二年，韓侂胄貿然擧兵，而終於招致大敗的責任，歸罪於葉適，顯然並不公允。

葉適之學既主於實用，有時自然不免在實際的功效上着眼。但我們試觀其所言所行，實大有異於輕擧躁進，急功近利的人，更迥非鷄鳴而起，孳孳求自利者可比。再看他在韓侂胄兵敗之後，毅然出而招募敢死之士，扨持金營，以安集兩淮，並措置屯田，使士氣漸奮，人心轉安。既審愼於啓釁之先，更效用於僨軍之際，其忠忱才略，誠有足多者。又當在此以前，淳熙十五年，朱熹除兵部郎官，尙未到職，卽爲侍郎林栗所排劾，善人君子，無不惴恐。葉適獨於此時奮然上書天子，盛讚朱熹「素有文學行誼，居官所至有績。」（水心文集卷二辯兵部郎官朱元晦狀）並論栗奸邪，請求加以摧折，以扶持善類。且謂國家之本，莫大於此。旣極有功於斯文，而尤可見其制行的高卓，及胸懷的坦蕩。是葉適平日之所主張，雖然與以心性義理相倡的程、朱有異，但其蘄向則並無不同。這是我們論學知人所不可不知的。

十七、強毅自立的黃榦

宋代學者最重講學，或於私家，或於書院，師徒相從，質疑問難，蔚成風氣，理學家所探討的主題，因此愈辯愈明，理學的思潮也藉此傳布四方，促使理學的興盛，更奠定了理學的地位。在理學諸大家之中，要以朱熹的門徒最盛，流衍最廣；及門弟子之中，卓然自立，至宋元學案因此爲之特立專案者，有蔡元定（卷六十二西山蔡氏學案）、黃榦（卷六十三勉齋學案）、輔廣（卷六十四潛庵學案）、陳埴（卷六十五木鐘學案）、杜煜、杜知仁（卷六十六南湖學案）、蔡沉（卷六十七九峯學案）、陳淳（卷六十八北溪學案），其餘能有所得者百餘人亦都併入卷六十九、七十滄洲諸儒學案，聲光之盛，可以想像得之。其中蔡元定（季通）雖魁然稱領袖朱門，與其子蔡沉（仲默）並爲朱學的干城，生平行誼也皆有可觀。惟其篤信邵雍，學雜象數，並非朱學正宗；又因慶元黨禁之故，元定卒於道州貶所，沉則終身息隱不仕，蹤跡未免稍顯隱晦。其餘諸子，若輔廣則漕試四舉不第，終生衰颯牢落。而陳埴及杜氏兄弟皆浙江人，聲氣不免稍爲浙東功利之學所奪。至於陳淳則從學於朱門僅三個月，朱熹卽告謝世；後來雖衞護師門甚力，多所發明，然亦有操門戶異同之見，而失之過當者。是在朱門諸高弟之中，求其最能光大師傳者，則不得不屬之於朱熹的愛婿黃榦（字直卿，學者稱爲勉齋先生）了。

黃榦初學於朱熹同調劉清之（子澄），清之爲人專以儀型先世，希慕往哲爲事。博極羣書，而不專科舉之習。尤愛惜士類，有一善則亟稱之，樂爲成就，爲時流所敬重。一見黃榦，卽大奇之，曰：「子乃遠器，時學非所以處子也。」因命受業於朱熹。榦自入朱門之後，「夜不設榻，不解帶，少倦，則微坐一倚，或至達曙。」朱熹語人曰：「直卿志堅思果，與之處，甚有益。」其間黃榦並嘗拜詣呂祖謙，以所聞於朱熹者相請益。後來張栻去逝。熹作書與他道：「吾道益孤矣，所望於賢者不輕。」及熹作竹林精舍成，又作書與榦，內有「他時便可請直卿代卽講席」之語。等到朱熹編禮書時，卽以喪、祭二篇囑咐黃榦代筆，稿成之後，熹見而喜曰：「所立規模次第，縝密有條理，他日當取所編家鄉邦國王朝禮，悉倣此更定之。」逮朱熹病重，更以深衣及所著書授榦，並親自作書與之訣別曰：「吾道之託在此，吾無憾矣！」（以上所引皆見宋史卷四百三十黃榦本傳）他的堅苦卓絕，强毅自立，以至爲朱熹所愛重，有如此者。故黃榦在其辭晦庵先生墓文中云：「公平正大者先生之心，剛毅勇決者先生之氣，嚴威儼恪者先生之容，精深廣博者先生之學。耳濡目染，朝薰夕炙者三十年。榦獨何人，而獲親道德之粹耶！旣示之以精微，復開之以博大；旣廣之以聞見，復約之以踐行。扶而掖之，惟恐不進；培而植之，惟恐不立。榦獨何人，而受此生成之賜耶！空谷春游，虛堂夜坐，一行之孚，一言之契，未嘗不欣然以喜。至於末年之咐囑，將歿之叮嚀，則戚戚然大義之乖，微言之絕也。榦獨何人，而當此期望之厚耶！」（勉齋文集卷三十九）可以想見其師生之間的相得，信足與孔、顏後先媲美。

朱熹對於黃榦的囑望既如此殷切，榦亦能不負所託，自任甚重。當朱熹死後，他即持心喪三年，並致力傳揚師教，對於朱熹之說，謹遵恪守，始終不貳。同門之中，對於師說凡有誤解者，如「輔漢卿（廣）疑惡亦不可不謂性；如李公晦（方子）疑喜怒哀樂由聲色臭味者爲人心，由仁義禮智者爲道心；如林正卿（學蒙）疑大易本爲垂教，而伏羲、文王特借之以卜筮；如眞公（德秀）刊近思錄語，先近思而後四書。」等（黃氏日抄卷四十）他都一一辯明，不稍寬恕。嘗曰：「自洙泗以還，博文約禮，兩極其至者，（朱）先生一人而已。」（宋元學案卷四十九晦翁學案下）並在其聖賢道統傳授總敍說中，於朱熹中庸章句序所列堯、舜、禹、湯、文、武、周公、孔子、顏回、曾子、子思、孟子、二程子之外，增列周敦頤及朱熹。對於其師的尊崇，可謂備至。惟黃榦對朱熹雖如此仰敬，然其講學則精審不苟，並不一味的盲信偏從。故黃震云：「晦庵謂春秋止是直書，勉齋則謂其間亦有曉然若出於微意者；晦庵論近思先太極說，勉齋則謂名近思反若遠思者；晦庵解人不知而不慍，惟成德者能之，勉齋提云是君子然後能不慍，非不慍然後爲君子；晦翁解敏於事而愼於言，以愼爲不敢盡其所有餘，勉齋提愼字本無不敢盡之意，特以言易肆，故當謹耳。」凡其於晦翁沒後，講學精審不苟如此。」（黃氏日抄卷四十）可以見其態度的平恕公允。

黃榦不僅在治學方面抱持此種態度，其於衞護師門一端也是一本公心，毫不偏矯。如自朱熹死後，朱學末流難免有狂惑怪誕，以欺世盜名者，此時則惟賴黃榦出力維特，他嘗言：「自先師夢奠以來，擧世倀倀，旣莫知其所歸。向來從遊之士，識見之偏，義利之交戰，而又自以無聞爲恥，言論紛然，誑惑斯世。又有後生好怪之徒，敢於立言，無復忌憚。蓋不待七十子盡沒，而大義已乖矣！由是私竊懼焉，故願得强毅有立，趨死不顧利害之人，相與出力而維持之。」（勉齋文集卷十七復王幼學書）其苦心孤詣，實不能不令人由衷敬佩。又如朱熹生前論學，與林栗、陸九淵皆有所不合；及朱熹旣卒，弟子甚至有欲焚栗所著書者，而與陸氏門人亦相水火。但黃榦則絕無門戶之見，在他的祭林栗文中，並不抹煞林栗論易之長。對於陸九淵則不僅不加貶斥，甚且有意調和朱、陸，嘗云：「道之在天下，一體一用而已，體則一本，用則萬殊。一本者天命之性，萬殊者率性之道。天命之性卽大德之敦化，率性之道卽小德之川流。惟其大德之敦化，所以語大莫能載；惟其小德之川流，所以語小莫能破。語大莫能載，是萬物統體一太極也；語小莫能破，是一物各具一太極也。萬物統體一太極，此天下無性外之物也；一物各具一太極，此性無不在也。尊德性，所以存心而極乎道體之大；道問學，所以致知而盡乎道體之細。自性觀之，萬物只是一樣；自道觀之，一物各是一樣。惟其只是一樣，故但存此心，而萬事萬物之理無不完具；惟其各是一樣，故須窮理致知，而萬事萬物之理方始貫通。以此推之，聖賢言語，更相發明，只是一義，豈不自博而反約哉！」（勉齋文集卷八復葉味道書）影響所及，至使當他在世之時，朱熹門人不敢爭言門戶，必排陸以申朱。此不僅可見其氣量的宏偉，尤可以窺知他在朱門的地位，及其對於當時學界的影響力之大。其學一傳爲何基（子恭）、饒魯（伯輿），再傳爲王柏（會之）、金履祥（吉父），三傳而得許謙（益之）、吳澄（幼淸），朱學遂以重光。是黃榦的承先啓後，實大有功於朱門。

除了在學術上的成就之外，黃榦在實際政務上亦頗多獻替。據宋史卷四百三十黃榦本傳所載，當他知安慶府時，適金人破光山，安慶民情惶懼，他乃請於朝，構築郡城，以備戰守。由於部署有方，民不勞而集。其後金兵大至，淮東、西皆震恐，只有安慶安堵如故；繼而久潦成災，安慶亦屹然無虞。百姓感戴其德，相謂曰：「不殘于寇，不蹈於水，生汝者黃父也。」又當他在制置李珏幕中，卽力言軍政不修，邊備廢弛之患，並屢陳措置之方。可惜李珏都不能用，後來光、黃果然相繼失守，卒如其所預言。於此可見黃榦對於國事的關切以及當時形勢的瞭解之深，實遠非空談心性者可比。無怪乎全祖望在宋元學案中，要盛讚其爲「有體有用之儒。」（卷六十三勉齋學案。）而四庫全書總目提要更以此論斷「洛、閩設教之初，尙具有實際，不徒以峨冠博帶刻畫聖賢。」（卷一百六十一）黃榦旣能學兼內外，把握洛、閩設教之初的本有精神，則其對於朱門的貢獻，是又不僅在於承先啓後而已了。

十八、護持本心的楊簡

南宋理學，朱、陸兩派雖然互成犄角之勢，惟細究其實，陸學的聲光，比之朱學，未免稍顯黯淡，因此後來陸學的流衍，遂不如朱學之盛。然陸九淵在象山設教五年之間，弟子雖屢進屢退，然屬籍者曾多達千餘，自是一時的盛事。其學的流傳大抵可分江西、浙東兩支。江西諸儒，若傅夢泉（子淵）、鄧約禮（文範）、傅子雲（季魯）、黃叔豐（元吉）等人，都爲陸九淵所愛重。九淵嘗論其及門之士，首爲傅夢泉，次爲鄧約禮，又次爲黃叔豐，而傅子雲則陸九淵更嘗命其代卽講席，並以「爲我善永薪傳」（宋元學案卷七十七槐堂諸儒學案）相囑託。可惜彼等都早卒，因此「緒言渺矣。」（同上）以故其學之傳反不如浙東楊簡（敬仲）、袁燮（和叔）、舒璘（元質）、沈煥（叔晦）所謂甬上四先生者之盛。四先生所造各異，氣象也有所不同，大抵而言，「廣平之學，春風和平；定川之學，秋霜肅凝；瞻彼慈湖，雲間月澄；瞻彼絜齋，玉釋冰瑩。」（宋元學案卷七十六廣平定川學案）就對陸學的傳揚而言，舒、沈的年輩雖高，惟其名位既不如楊、袁，且其言論亦較平實，而沈煥更僅問學於陸九齡，並未及九淵之門，所以其教皆不甚行。楊、袁之中，袁燮與浙東諸子往來頗密，嘗師事呂祖謙，又切磋於陳傅良，雖究其所歸宿仍在陸九淵，然其學已雜，是以其講學雖然頗爲精密，終不如楊簡的明捷有光采。因此若論及陸學的傳承，惟楊簡爲最能得其本眞，亦惟楊簡爲最能光其師敎。

按楊簡嘗自謂少讀易大傳，唯愛「無思也，無爲也，寂然不動，感而遂通天下之故」句，是其早年意趣，已有所偏尙。後來爲富陽主簿，又嘗反觀，覺天地萬物通爲一體，並非吾心外事。及陸九淵至富陽，夜集雙明閣，屢屢提及「本心」二字。楊簡卽以何謂本心相詢，陸九淵曰：「君今日所聽扇訟，彼訟扇者必有一是一非，若見得孰是孰非，卽決定爲某甲是某乙非，非本心而何？」楊簡聽了之後，雖已忽覺此心澄然清明，然猶意有未足，遂更進而請益道：「止如斯邪？」九淵乃厲聲答曰：「更何有也？」楊簡退後，拱坐達旦，次日天明，卽拜九淵爲師。其後沿檄居宿山間，觀書，有疑，終夜不能入寐，直到天色微明之際，忽覺灑然如有物脫去，此心更加澄明。等到他因母喪去官，辦理喪事之餘，更感到日用酬應之間，並未能完全無礙；於是乃沉思數日，最後終於因事觸發，始大悟變化云爲之旨，交錯萬變，而虛明寂然。由楊簡此一段悟學的過程，我們蓋不難想見其資性之所近，而後人有批評其學之入於禪者，於此或亦可以略窺其中的消息。

楊簡之學蓋承陸九淵之說而作更進一步之發揮者，考陸九淵倡言心卽理，以發明本心爲其學問的宗旨，惟陸九淵尙以孟子的「先立乎其大者」爲說；至楊簡則彔彔乎以爲除此之外，更無餘事。他在其所著的己易中，開宗明義卽云：「易者己也，非有他也。以易爲書，不以易爲己，不可也。以易為天地之變化，不以易為己之變化，不可也。天地，我之天地；變化，我之變化；非他物也。」（慈湖遺書卷七）其所謂己者乃是專指「吾心」而言，故曰：「吾心無二，無二謂之一，今謂之己。」（慈湖遺書卷一周易解序）其意蓋以為凡天地間一切現象的變化，都是己心的變化，乃就陸九淵「宇宙內事皆己分內事，己分內事皆宇宙內事」之純就倫理上立言者，更加推闢，以達宇宙萬有。惟此心雖極為靈明，但是由於受到意、必、固、我的蒙蔽，卽會起私欲；為斷除私欲之萌，楊簡在修養方法上乃主張止絕此四蔽，曰：「人心自明，人心自靈，意起我立，必固礙塞，始喪其明，始失其靈。孔子日與門弟子從容問答，其諄諄告戒，止絕學者之病，大略有四，曰意、曰必、曰固、曰我。門弟子有一於此，聖人必止絕之。」（慈湖遺書卷二絕四記）而此四蔽之中，意又為其他三者的根源，曰：「夫人皆有至靈至明，廣大聖智之性，不假外求，不由外得，自本自根，自神自明。微生意焉，故蔽之有必焉，故蔽之有固焉，故蔽之有我焉，故蔽之昏，蔽之端，盡由於此。」（同上）「何謂必，必亦意之必……何謂固，固亦意之固……何謂我，我亦意之我。」（同上）心與意的區劃，乃在於「一則為心，二則為意；直則為心，支則為意；通則為心，阻則為意。」（同上）是故最為根本者實在於克除意，意旣不起，則心體自能復明。由是可見楊簡之學在發明本心與夫以易簡為敎方面，比之陸九淵，實有過之而無不及。而在我國思想史上的心學一脈，雖發端於孟子，倡導於陸九淵，然必須直待楊簡才告確立。惟楊簡之所得在此，其所失也在此，蓋其旣以不起意為敎，簡則簡矣，然則並非盡人所能，流弊也就因此而產生了。

楊簡之說如此，我們試觀其所自得，蓋純然儒者之行，據其弟子袁甫樂平縣慈湖先生書閣記所載，「先生自幼志聖人之學，久而融貫，益久而純，平生履踐，无一瑕玷，處閨門如對大賓，在闇室如臨上帝，年登耄耋，兢兢敬謹，未嘗須臾放逸，此先生之實學也。」（蒙齋集卷十四）全祖望亦云：「慈湖齋明嚴恪，非禮不動，生平未嘗作一草字。」（結埼亭集外編卷十四淳熙四先生祠堂碑文），甚至連朱熹也誇讚他「持守得好。」「有爲己工夫。」（朱子語類卷一百二十四）而衛護朱門最力的陳淳雖批評楊簡「講貫略」，然亦不免要盛稱其「持循篤」。（北溪大全集卷三十六答陳伯澡問）又當他出知溫州期間，「廉儉自將，奉養菲薄，常曰：『吾敢以赤子膏血自肥乎？』閭巷雍睦，無忿爭聲。民愛之如父母，咸畫象事之。」（宋史卷四百七楊簡本傳）「其待僚屬，方據案書判，有喏於庭者，无問誰何，即釋筆拱答，務以德化人，民自悅服。」（宋元學案卷七十四慈湖學案）凡此都可見其操履德養的一斑，及其以不起意爲宗的眞正受用。於是亦可證知後來其學之所以產生流弊，實非出於其立教的本意。故全祖望云：「文元之齊明盛服，非禮不動，豈謂於操持之功有闕？而其教多以明心爲言，蓋有見於當時學者陷溺於功利，沈錮於詞章，極重難返之勢，必以提省爲要，而不自知其疏。豈意諸弟子輩不善用之，反謂其師嘗大悟幾十，小悟幾十，泛濫洋溢，直如異端，而並文元之學而誣之，可爲浩歎者也。」（結埼亭集外編卷十六城南書院記）又云：「文元之學，先儒論之多矣！或疑發明本心，陸氏但以爲入門，而文元遂以爲究竟。故文元爲陸氏功臣，而失其傳者亦自之。愚以爲未盡然。夫論人之學，當觀其行，不徒以其言。文元之齊明嚴恪，其生平踐履，蓋涑水、橫渠一輩人。曰誠、曰明、曰孝弟、曰忠信，聖學之全，無以加矣！特以當時學者，沈溺於章句之學，而不知所以自拔，故爲本心之說以提醒之。蓋誠欲導其迷途而使之悟，而非謂此一悟之外更無餘事也。而不善學者，乃憑此虛空之知覺，欲以浴沂風雩之天機，屛當一切。嗟乎！是豈文元之究竟哉！」（結埼亭集外編卷十六碧沚楊文元公書院記）蓋楊簡既爲挽救當時學者陷溺於功利詞章之惡習，所重不免多在絕意明心，而少斬艾持守。學者不明其用心所在，遂以入門義爲究竟法，偶有所見，即以爲道在於是，而不在克治省察上用功。流弊的產生，楊簡誠有矯枉過正之嫌，然究其實，皆在於學者的自誤，設若以此而完全歸咎楊簡，則未免有失公允了。

十九、宋學的殿軍—王應麟

宋代理學初期大家周敦頤、邵雍、張載，雖然其所講倡，大抵不出心性義理的範圍；但細究其實，彼此面貌已有不同。到了二程兄弟，差異漸爲顯明；最後至於朱熹、陸九淵，更是判若雲泥。學術的發展，在分久之後，勢必不能不合。是以此後的學者，雖然尙有朱門、陸門之分，惟已不肯墨守師承，顯非某一門派所能加以牢籠。且朱、陸的傳人，在傳衍旣久之後，難免有漸失本眞者，理學流弊遂漸顯露。而自呂祖謙以來，學者感於國勢的日益阽危，對於經世實用之學，需要漸覺迫切。於是興趣自然轉向史學，注意歷史與制度方面的研究，逐漸走向平實博大的路線。當時大儒，如王柏（會之）雖爲朱學的嫡傳，其「宗信紫陽，可謂篤矣！而於大學，則以爲格致之傳不亡，無待於補。於中庸，則以爲漢志有中庸說二篇，當分誠明以下別爲一篇。於太極圖說，則以爲無極一句當就圖上說，不以無極爲無形，太極爲有理也。其於詩、書，莫不有所更定。」（宋元學案卷八十二北山四先生學案）黃震（東發）雖大抵宗主朱熹，然亦兼綜呂祖謙、陸九淵之傳，其所著日鈔，也是折衷諸儒，於「諸經說間，或不盡主建安舊講，大抵求其心之所安而止。」（宋元學案卷八十六東發學案）又如魏了翁（華父）則雖私淑朱、張，而亦「兼有永嘉經制之粹而去其駁。」（宋元學案卷八十鶴山學案）嘗自謂：「易、詩、三禮，重下鈍工；名物度數，音訓偏旁，字字看過。」（同上）金履祥（吉父）以師事王柏而上接朱學之傳，不僅其「論、孟考證發朱子之所未發，多所牴牾。」（宋元學案卷八十二北山四先生學案）而且「凡天文、地形、禮樂、田乘、兵謀、陰陽、律歷之書，靡不畢究。」（同上）其時學風的趨向，由此蓋可見其一斑。

在南宋末年的儒者之中，能破除門戶之蔽，不墨守一家之說，而又注意及典章制度的研究，充分顯現當時學術風氣者，要以王應麟（伯厚）最具代表性。考王應麟之父王撝（謙父），嘗先後從遊於樓昉（暘叔，呂祖謙門人）、史彌鞏（南叔，陸九淵再傳），應麟既紹其家學，又從王埜（子文，朱熹三傳）學，遂得朱、呂、陸三家之傳。此外，他對於永嘉制度、沙隨古易、蔡氏圖書經緯、西蜀史學，亦通貫精微，剖析幽渺。信能「兼取諸家」、「綜羅文獻」（鮚埼亭集外編卷十六同谷三先生書院記）。其所著述，更多達七百餘卷，博洽融貫，無所不包，古今罕有其比。困學紀聞一書，尤爲後世所推重，「雖淵源亦出朱子，然書中辨正朱子語誤數條，如論語註不舍晝夜，舍字之音；孟子註曹交，曹君之弟；及謂大戴禮爲鄭康成註之類。皆考證是非，不相阿附。不肯如元胡文炳諸人堅持門戶，亦不至如明楊慎、陳耀文，國朝毛奇齡諸人，肆相攻擊。蓋學問既深，意氣自平，能知漢、唐諸儒，本本原原，具有根柢，未可妄詆以空言。又能知洛、聞諸儒，亦非全無心得，未可概視爲弇陋。故能兼收並取，絕無黨同伐異之私。所考率切實可據，良有由也。」（四庫全書總目提要卷一百十八）是則王應麟學術精詣所到，又不僅在於宏博多聞而已。因此與他交往甚密，而亦兼治朱、呂、陸三家之學的湯漢（伯紀），在與其朝夕講論之後，不覺讚嘆云：「吾閱士良廣，惟伯厚乃眞儒也。」（宋元學案卷八十五深寧學案）

王應麟生當宋朝末年國家多事之秋，蒿目時艱，當他初第進士時，即有感於國勢的衰弱不振，士子的棄實就虛，因慨然嘆曰：「今之事舉子業者，沽名譽得，則一切委棄，制度典章漫不省，非國家所望於通儒。」（宋史卷四百三十八王應麟本傳）從此閉門發憤，考古咨今。深以人才乏而民力殫爲憂，以故每當面對或疏奏之時，都以此爲言。既拔擢文天祥，置於多士之上。又面奏軍功未集而吝賞，民力既困而重斂，並非修攘至計，遂爲諱言邊事的時相丁大全所排擠而罷職。不久，大全敗，王應麟復用，仍然不改常度，直言無諱，又爲權相賈似道所惡。最初賈似道還想要加以籠絡，應麟乃笑曰「迕相之患小，負君之罪大。」（同上）始終不肯稍加屈附。當時朝臣無以邊事言者，王應麟乃於經筵之上，從容指陳順逆成敗之說，既爲度宗所不喜，賈似道更陰謀斥逐之。適應麟因丁母憂去職，才不爲所害。等到賈似道潰師江上，王應麟復出，即引疏陳十事，曰急征討、明政刑、厲廉恥、通下情、求將材、練軍實、備糧餉、舉實材、擇牧守、防海道，皆爲當時的急務。並進言圖大患必略細故，求實效必去虛文，蓋乃針對時弊而發。因請集諸路勤王之師，如能率先而至者，宜厚賞之，以鼓舞勇敢之氣，並力進戰。認爲只有能戰才能守。

後來丞相留夢炎植黨自私，引用非人，應麟繳奏，並亟論其不可，疏再上，不報；於是乃出關俟命，再奏，又不報；遂決意東歸，雖除命又下，仍力辭不出。其關切國事，摧折權奸，以至執義不撓，不惜去位以爭的精神，眞可以使儒者立，貪者廉，而感風百代。按王應麟嘗自擬志節於司空圖、韓偓，且嘗謂：「四十始仕，道合則服從，不可則去，古之人自其始仕，去就已輕。色斯舉矣，去之速也；翔而後集，就之遲也。故曰以道事君，不可則止。」（困學紀聞卷五禮記）觀其所行，蓋可以無愧於其所比擬，亦可以無忝於其所言了。

王應麟的生平大節雖如此高卓，但後世對他却頗有微辭，然究其實，蓋乃出於附會誤解，因而持論不允。針對流俗的議論，全祖望嘗爲之辯護道：「先生之學，私淑東萊，而兼綜建安、江右、永嘉之傳……生平大節自擬於司空圖、韓偓之間，良無所愧。顧所當發明者有二，其一則宋史之書法也。先生於德祐之末，拜疏出關，此與曾淵子輩之潛竄者不同。先生既不與軍師之任，國事已去，而所言不用，不去何待？必俟元師入城，親見百官署名降表之辱乎？試觀先生在兩制時，晨夕所草詞命，猶思挽既渙之人心，讀之令人淚下，則先生非肯恝然而去者。今與淵子輩同書曰遁，妄矣！其一則明儒所議先生入元曾爲山長一節也。先生應元人山長之請，史傳、家傳、志乘諸傳皆無之，不知其何所出？然即令曾應之，則山長非命官，無所屈也。箕子且應武王之訪，而況山長乎？予謂先生之拜疏而歸，蓋與馬丞相碧梧同科；即爲山長，亦與家參政之教授同科；而先生之大節如青天白日，不可揜也。嗚呼！先生困學紀聞中，有取於姚弋仲、王猛之徒，與楊盛之不改晉朔，並謝靈運臨難之詩，其亦悲矣！而謂士不以秦賤，經不以秦亡，俗不以秦壞，何其壯也。詈李德林之以事周者事隋，更足爲興王用人之戒。」（鮚埼亭集外編卷十九宋王尙書畫像記）抉發王應麟的節概志尙，可謂深切著明。惟尙有所不能不言者，按王應麟旣爲宋朝末年最具代表性的學者，而身後乃遭誣如此，是雖時至今日，仍有不少人對宋代學術抱懷疑不滿的態度，顯然也是出於私智穿鑿可知。實有待於我們來爲之洗淸寃抑，以還其應有的地位。

二十、宋學的結晶——文天祥與謝枋得

宋代學術自從胡瑗、孫復開了先河以後，便隱隱約約的形成兩條路線：一沉潛，一高明；一篤實，一剛健。順着這兩條路線的發展，宋學由前期的博大，經過周、張、二程等大儒的闡明發揚，漸漸的轉入中期的精微。在這一時期中，二程兄弟已呈涇渭兩分之勢。等到宋室南渡之後，終於凝鍊成爲朱、陸兩派。朱學主張讀書窮理，以期下學上達；陸學主張直指本心，以求先立乎其大者。其實路徑雖然有所不同，但是天下百慮而一致，殊途而同歸，兩者似相反而實相成，黃宗羲說：「二先生之不苟同，正將以求夫至當之歸，以明其道于天下後世，……（陸）先生之尊德性，何嘗不加功于學古篤行？紫陽之道問學，何嘗不致力於反身修德？特以示學者之入門各有先後，曰此其所以異耳。……二先生同植綱常，同扶名敎，同宗孔、孟，卽使意見終於不合，亦不過仁者見仁，知者見知，所謂學焉而得其性之所近，原無有背于聖人。」（宋元學案卷五十八象山學案）確是持平之論。因此一方面固然是兩者未嘗不可和會，一方面也是宋學發展至朱、陸，已達探討心性之微的極致，難以再作突破；所以此後的學者，雖然還有朱門、陸門之分，可

是有不少人已漸漸的走上和劑斟酌，不名一師的路線；有的更兼取浙東永嘉、金華之學，注意歷史與制度方面的研究，有返回前期學風的傾向。於是在這三百餘年的學術發展之下，到了宋室臨亡之際，終於涵濡出兩位震古爍今的人物，卽文天祥（字宋瑞，又字履善）與謝枋得（字君直，學者稱爲疊山先生）。

文、謝二公，嚴格說來，都已經不是一般的學者，更非朱門、陸門所能加以範圍。可是就其師承而言，文天祥早年曾受業於江萬里與歐陽守道之門，又當其考進士時，主考官爲王應麟。江萬里與歐陽守道皆爲朱熹的再傳；而王氏雖然是兼治朱（熹）、陸（九淵）、呂（祖謙）三家之學，但其學術的最後歸宿則在朱學，所以文天祥於朱學爲近。謝枋得師事徐霖，徐氏爲湯巾門人，湯氏早年傳朱學，晚年則由朱入陸，因此謝枋得於陸學爲近。二公之殉節，天祥是被刑於柴市，枋得則絕食而死。死法不同，但也未嘗不是與宋學的發展自始卽形成兩條路線有關。儘管如此。二公所以扶持民族的氣節正義於不墜的心志，實並無二致。

據宋史記載，文天祥「自爲童子時，見學宮所祠鄉先生歐陽修、楊邦乂、胡銓像，皆諡忠，卽欣然慕之，曰：『沒不俎豆其間，非夫也。』」（卷四百十八文天祥本傳）可見其爲國效忠之志節，在年幼之時，早已建立。其後，當其年二十，學進士第，考官王應麟見其對策，卽向理宗奏言道：「是卷古誼若龜鑑，忠肝如鐵石。」（同上）而爲國家得人賀。到了度宗咸淳九年（西元一二七三），天祥爲湖南提刑，拜見其師故相江萬里，談及國事，萬里愀然曰：「吾老矣！觀天時，人事當有變。吾閱人多矣，世道之責其在君乎！君其勉之。」（同上）早年夙志到此時當已益發堅定，而爲王、江二氏所識知激賞。後來天祥果然不負二公的識拔期許，當恭帝德祐元年（西元一二七五），元人渡江，天祥卽奉詔勤王，號召各地義軍萬餘人，以江西提刑安撫使召入衞。友人勸阻他道：「今大兵三道鼓行，破郊畿，薄內地，君以烏合萬餘赴之，是何異驅羣羊而搏猛虎？」天祥乃答說：「吾亦知其然也，第國家養育臣庶三百餘年，一旦有急，徵天下兵，無一人一騎入關者。吾深恨於此，故不自量力，而以身狥之，庶天下忠臣義士將有聞風而起者。」（同上）國難當頭，義無反顧，爲國死節的心志，這時已經萌發於胸了。等到奉使北行，以至脫險南歸，其中凶險叢生，疑懼萬端。我們讀了他的指南錄後序，對其行事的艱苦，志節的高卓，當不難體會。再看他被捕之後，對元將張弘範的招降道：「國亡不能救，爲人臣者，死有餘罪，況敢逃其死而二其心乎？」（同上）對元世祖道：「天祥受宋恩爲宰相，安事二姓？願賜之一死足矣！」（同上）大義凛然，視死如歸，連對方都爲之感動。最後終於在元世祖至元十九年（西元一二八二）十二月從容就刑，死前猶南向再拜，達成了他的衣帶贊所言：「而今而後，庶幾無愧」（文文山全集卷十）的夙志。

謝枋得與文天祥同爲江西人，據宋史記載，他「爲人豪爽……性好直言，一與人論古今治亂國家事，必掀髯抵几，跳躍自奮，以忠義自任。」（卷四百二十五謝枋得本傳）其師徐霖稱其「如驚鶴摩霄，不可籠縶。」（同上）可見也是一個素抱大志的血性男兒。當元兵大舉南下之際，他曾舉兵抗敵，退守安仁、信州。等到兩地相繼陷落之後，即「變姓名，入建寧唐石山，轉茶坂，寓逆旅中，日麻衣躡屨，東鄉而哭。……已而去賣卜建陽市中……天下既定，遂居閩中。」（同上）既然已經是國破家亡，乃隱名埋姓，以期了此殘生。可是天不從人願，自至元二十三年起，屢次被薦、徵，而枋得皆屢辭不赴，我們看他拒辭薦、徵之語，曰：「宋室孤臣，只欠一死。」（宋史紀事本末卷一百九文謝之死）又曰：「江南人才，未有如今日之可恥。春秋以下人物，本不足道，今欲求一人如呂飴甥、程嬰、杵臼、廝養卒不可得也。紂之亡也，以八百國之精兵，而不敢抗夷、齊之正論，武王、太公凜凜無所容，急以興滅繼絕謝天下，殷之後遂與周並立。使三監、淮夷不叛，武庚必不死，殷命必不黜……今吾年六十餘矣，所欠一死耳，豈復有他志哉！」（同上）又曰：「程嬰、公孫杵臼二人皆忠於趙，一死於十五年之前，一死於十五年之後，萬世之下，皆不失爲忠臣。王莽篡漢十四年，龔勝乃餓死，亦不失爲忠臣。司馬子長云：『死有重於泰山，有輕於鴻毛。』參政豈足知此？」（同上）可見此時他已經隱然有爲國死節之念了。後來他不得已被逼北上，於至元二十六年到達京師，乃「問謝太后攢所及瀛國所在，再拜慟哭。已而病，遷憫忠寺，見壁間曹娥碑，泣曰：『小女子猶耳，吾豈不汝若哉！』……終不食而死。」（宋史卷四百二十五謝枋得傳）正好爲宋恭帝被擄北去後第十四年，完成了他成爲宋室龔勝的心願。

文、謝二公，其志其行，我們今日看來，可眞有如正氣歌所云：「典型在夙昔」，「古道照顏色」之感。而宋學三百多年的發展也終於凝鍊了二公的志節。宋學之中要以理學爲最大宗，文、謝兩人雖然都不是理學家，可是他們同受理學的啓沃則是十分顯然。現代有人詆毁宋儒，以爲徒事空言，無益於國家民族。他們那裏知道世道人心的維繫，正寄託在心性之微的辨析上呢？謝枋得嘗言：「人可回天地之心，天地不能奪人之心。大丈夫行事，論是非，不論利害；論逆順，不論成敗；論萬世，不論一生。志之所在，氣亦隨之；氣之所在，天地鬼神亦隨之。……儒者常談，所謂爲天地立心，爲生民立命，爲往聖繼絕學，爲萬世開太平，正在我輩人承當，不可使天下後世謂程、朱之事皆大言無當也。」（謝疊山集卷一與李養吾書）謝公固然是無愧於斯言，而斯言實亦大值我們深思。

附錄一

讀宋元學案附錄看宋儒風範

宋元學案是探討宋、元學術流變，所不可或缺的一本書，也是一本性質比較嚴肅的書。研讀這本書，有時會感到一種興會淋漓之致，有時也難免會覺得枯燥沉悶。每當讀得神思困憊之際，我便翻閱書中經常在許多大儒的生平與論學語之後，所加的附錄。這些附錄記載了許多大儒的遺聞軼事，不僅有助於我們了解他們的生平、思想，更可以借此而認識他們的志節風範。既有其嚴肅面，又不失其趣味性。讀來但覺親切無比，而又富有甚深的啓示。以下隨擧數則，略分爲若干綱目，以見宋儒志節風範的一斑：

一、志學之專

1. 徐積

「既冠，徒步從安定先生學，安定門下踰千人，以別室處之，遣婢視飲食澣濯，盛暑惟

衲裘，以米投漿甕，日中數塊而已……常曰：『吾于安定之門，所得多矣！』」（卷一安定學案）

2.謝良佐

「上蔡初造程子，程子以客肅之，辭曰：『爲求師而來，願執弟子禮。』程子館之門側，上漏旁穿，天大風雪，宵無燭，晝無炭，市飯不得溫，謝處安焉。踰月，豁然有省。」（卷二十四上蔡學案）

孔子曰：「士志於道，而恥惡衣惡食者，未足與議也。」（論語里仁第四）惟耐得住生活煎熬的人，才能夠動心忍性，而有所造。徐、謝兩先生之所以能分別成爲胡瑗、程顥的最得力傳人，並非沒有緣故。俗語說：「嗜欲深者天機淺。」惟其嗜欲不深，所以能培養其天機，而有所省、有所悟，而成其大、成其深。

二、修身之謹

1.陳瓘

「一日，嘗與家人語，家人戲問是實否。公退，自責累日，『豈吾嘗有欺於人耶？何爲有此問也？』」（卷三十五陳鄒諸儒學案）

陳先生本不是欺人妄語，其家人問他是實否，也只是一句戲言，然而他卻耿耿於懷，痛自省責。

也惟有如此的時時事事反躬自問，警策自己，而不過責他人，品德修養始能有所進境。否則，漫然放過，又豈能從中受益？

2.朱松

「先生自謂卞急害道，因取古人佩韋之義，以名其齋。早夜其間，以自警飭。由是向之所得於觀考者，益有以自信，而守之愈堅。」（卷三十九豫章學案）

3.樓鑰

「榜書齋以攻媿，曰：『人患不知其過，知之而不能改，是无勇也。』自號爲攻媿主人。小有過差，不敢自恕，期至於無媿之可攻。」（卷七十九邱劉諸儒學案）

古人名齋，有的用以述志，有的借之託懷，有的是取物比德，有的是懷鄉念故，朱、樓兩先生則以齋名自我警飭。日夜生活其中，見得自身行爲有一分不是，便除去一分。如是除之又除，性急者自然能緩，而不害道；有過必定自知，也必定能改。進德修業，就在於此了。

三、事親之孝

1.徐事

「先生三歲而孤，晨昏匍匐牀下，求其父甚哀。太夫人使讀孝經，輒流涕不能止。是時太夫人携于陝右外家，事母篤孝。一日，具公裳見貴官，忽自思云：『見貴官尚必用公裳，豈有朝夕見母，而不具公裳者乎？』遂裹幞頭，服公裳，晨省其母。外氏諸婦大笑之，先生彌恪，久而亦不復笑也。」（卷一安定學案）

徐先生此舉看似迂，但却迂得令人感佩。或者以爲具公裳事母，如此嚴敬，豈不是有妨於母子之間的親情？且看附錄又載：

「事母謹嚴，非有大故不去側。日具太夫人所嗜，皆手自調味。爲兒嬉，或謳歌以悅之。故太夫人雖在窮巷，奉養充美，無須臾不快也。」（同上）

原來有其嚴敬面，也有其輕鬆純稚面。得子若此，怪不得其母「無須臾不快」了。而徐先生事母，更可貴的是能推己以及物，附錄又載：

「先生畜犬，孳生至數十，不以與人。或問之，曰：『吾不忍其母子相離也。』」（同上）

推展自己依戀母親的心情，以及於牲畜，若徐先生者，可以說是篤孝了。

2. 鄒近仁

「先生父尉建德，甫三歲，生母去。又五歲，父卒，嫡母董氏撫之。先生思其生母，不敢言。又三十年，董氏卒，乃求之。謂兄弟曰：『近仁方寸亂矣！』詣建德，物色多端，竟不獲。時先生同母弟永之，出繼董氏，宰濡須，先生涉江訪之，亦不知，乃反建德。私自念曰：『吾生母，鄧宣教女也。』乃求戶籍閱之，則尚有鄧宣教戶，大喜。及入鄧鄉，而鄧氏已无人矣！兩足尷折，旁皇不復能去。一鄰婦聞而蹙然，出謂先生曰：『妾亦鄧女也，前此記有姑流離自外歸，後適九華童氏，儻斯人乎！』如其言求之，果在焉。先生相抱流涕，留數日，謀奉以歸，其生母不可，乃出金以奉母。」（卷七十四慈湖學案）

間關跋涉，輾轉訪求，爲的只是尋生母，如此孝行，實在令人感動。世間有母親在身邊而不知善待的人，讀了之後，該當翻然憬悟，而知所自處了吧！

四、手足之情

1.范純仁

「知襄城伯兄純祐，久心疾，先生承事照管如孝子。召編校秘閣書籍，以兄病，辭不赴。富公責之曰：『臺閣清資，人豈易得，何必苦辭？』先生曰：『富貴有命。』」（卷三高平學案）

兄長有病，爲人弟者承意照料，甚至甘願放棄唾手可得的富貴而不顧，是多麼的令人敬佩。世間人能行孝道者尚多，能行悌道者就比較少，甚至於還有兄弟鬩牆之事發生，范先生如此善事兄長，其風可感，其行很足發人深省。

五、治家之道

1. 陸九韶

「先生隱居山中，晝之言行，夜必書之。其家累世義居，一人最長者爲家長，一家之事聽命焉。歲遷子弟，分任家事。凡田疇、租稅、出內、庖爨、賓客之事，各有主者。先生以訓戒之辭爲韻語，晨興，家長率子弟謁先祠畢，擊鼓誦其辭，使列聽之。子弟有過，家長會衆子弟責而訓之。不改，則撻之。終不改，度不可容，則言之官府，屏之遠方焉。」（卷五十七梭山復齋學案）

治家如此謹嚴，無怪陸氏一門多傑，九韶梭山、九齡復齋、九淵象山，並稱三陸，在學術史上皆有其崇高的地位。而其治家條理，除了上述而外，附錄又載：

「黃東發曰：『梭山堅苦立學，言：「治家不問貧富，皆當取九年熟必有三年蓄之法，常以其所入，留十之二三，備水旱喪葬不測，雖忍饑而毋變。宗族鄉黨有吉凶事，苟財不足以助之，惟助以力，如先衆人而往，後衆人而歸，有勞爲之服之，毋毀所蓄，以變定規。如此力行，家不至廢，而身不至有非理之求。」其說具有條理，殆可推之治國者也。』」（同上）

居安思危，預爲儲備，所謂凡事豫則立，治家如此，治國又何嘗不然，宜乎黃氏要讚其可推以治國了。

六、急難之風

1.范純仁

「文正公在睢陽，遣先生到姑蘇取麥五百斛。先生時尚小，旣還，舟次丹陽，見石曼卿，問：『寄此久何如？』曼卿曰：『兩月矣！三喪在淺土，欲葬之而北歸，無可與謀者。』先生以所載麥舟付之，單騎自長蘆捷徑而去。到家，拜起侍立良久，文正曰：『東吳見故舊乎？』對曰：『石曼卿爲三喪未舉，方留滯丹陽，時無郭元振，莫可告者。』文正曰：『何不以麥舟與之？』曰：『已與之矣！』」（卷三高平學案）

父子同風，千載以下讀之，猶令人想望不止。也就因范家有此義風，所以對友朋如此，就是莅官爲政，對待人民也莫不如此，附錄又載：

「環慶大饑，公初到，餓殍滿路。先生欲發常平封樁麥賑之，州郡皆欲俟奏請得旨後散，先生曰：『人七日不食卽死，何可待報？諸公但弗預，吾寧獨坐罪。』」（同上）

急人之難，而不顧自己是否將得罪，通權達變，斷然處置，也無非是這一點關切他人安危之心的自然流露。

七、宗族之義

1.范仲淹

「公爲參知政事時，告諸子曰：『吾貧時，與汝母養吾親，汝母躬執爨，而吾親甘旨未嘗充也。今而得厚祿，欲以養親，親不在矣！汝母亦已早世，吾所最恨者，忍令若曹享富貴之樂也。吾吳中宗族甚衆，於吾固有親疏，然吾祖宗視之，則均是子孫，固無親疏也。苟祖宗之意無親疏，則饑寒者，吾安得不恤也！自祖宗來積德百餘年，而始發於吾，得至大官。若獨享富貴，而不恤宗族，異日何以見祖宗於地下，今何顏入家廟乎！』於是恩例俸賜，常均於族人，並置義田宅云。」（卷三高平學案）

當范仲淹爲秀才時，便能以天下爲己任，蓄意三十年，雖然力有未逮，但此志未嘗稍衰。等到顯貴有餘財時，即能散其餘祿，濟助族人，而自奉則甚儉，若此行爲，可謂不負其初衷了。

八、侍人之誠

1.范純粹

「鄒道鄉曰：『范德孺在太原，每支官吏及軍士糧，同出一廒，雖有溼惡，軍士自不怨。』」（卷三高平學案）

2. 程顥

「先生平生與人交，無隱情，雖童僕，必託以忠信，故人亦不忍欺之。嘗自澶淵遣奴持金詣京師，貿用物，計金之數，可當二百千。奴無父母妻子。同列聞之，莫不駭且誚。既奴持物如期而歸，衆始歎服。」（卷十四明道學案下）

3. 豐稷

「國子監西門稍僻，間有潛出者，皆由於此。前是長貳關以防，猶不能止。及公爲祭酒，命闢門，撤去詷伺，而士莫能出。呂丞相大防聞之，嘆曰：『士可以德服，不可以法制，如豐相之可謂以德服人也。』」（卷十九范呂諸儒學案）

范、程、豐三先生行事雖不同，對象也有異，可是他們待人，都能出之以誠，所以人或不懷怨，或不忍欺，或不敢犯。彼此相信，兩不猜疑，果能人人如此，又何患心不同，事不諧呢！

九、施教之法

1. 胡瑗

「先生初爲直講，有旨專掌一學之政，遂推誠教育多士，亦甄別人物，故好尚經術者、好談兵戰者、好文藝者、好尚節義者，使之以類羣居講習。先生亦時時召之，使論其所學，爲定其理。或自出一義，使人人以對，爲可否之。或卽當時政事，俾之折衷。故人人皆樂

從，而有成效。朝廷名臣，往往皆先生之徒也。」（卷一安定學案）

既能推誠敎導，又能根據學者的資質志趣，分別給與不同的敎育。一方面是因材而施敎，另方面學者也樂於受敎，因此收效甚宏，人才蔚起，朝廷名臣，多出其門。不僅天子以其敎法詔示天下，以爲典則，而後人也以他與孫復並尊爲宋學先河，對之推崇有加。附錄又載：

「先生在學時，每公私試罷，掌儀率諸生會於肯善堂，合雅樂歌詩，至夜乃散。諸齋亦自歌詩奏樂，琴瑟之聲徹於外。」（同上）

「徐積初見先生，頭容少偏，先生厲聲云：『頭容直。』積猛然自省，不特頭容要直，心亦要直。」（同上）

可見胡先生敎人也頗注重詩樂陶冶之效，而又能不忽細節，適時指點，使人猛然省悟。敎學方法之活潑、適切由此更加可知了。

2.程顥、程頤

「二程隨侍太中知漢州，宿一僧寺。明道入門而右，從者皆隨之。先生入門而左，獨行。至法堂上相見，先生自謂：『此是某不及家兄處。』蓋明道和易，人皆親近；先生嚴重，人不敢近也。」（卷十六伊川學案下）

二程兄弟，一個和易，一個嚴重，賦性不同，彼此的敎學方法也有所差異，所以朱光庭、游酢對大程子之敎，都有如坐春風的感受；而游酢、楊時在小程子之門，則有程門立雪的美談。大程子嘗說：「異日能使人尊嚴師道者，吾弟也。若接引後學，隨人才而成就之，則予不得讓焉。」（二程語錄卷十七）大抵和易者，則人樂於相從，可以使師道廣。剛嚴者，則使人知所敬重，可以使師道尊。雖似相反，而實相成。二程兄弟，一柔一剛，兩相配合，正所以成就師道啊！

十、任道之勇

1. 石介

「呂氏家塾記曰：『天聖以來，穆伯長、尹師魯、蘇子美、歐陽永叔，始創爲古文，以變西崑體，學者翕然從之。其有爲楊、劉體者，守道尤嫉之，以爲孔門之大害。作怪說三篇，以排佛、老及楊億。於是新進後學，不敢爲楊、劉體，亦不敢談佛、老。』」（卷二泰山學案）

石先生義無反顧，毅然與當時風氣相抗，並非要標新立異，只是爲求存道，就不得不力攻浮僞。他曾說：「道大壞，由一人存之。天下國家大亂，由一人扶之。古言大厦將顛，非一木所支，是棄道而忘天下國家也。」（徂徠文集卷八救說）這番話，最足以表明他的心志。

2. 朱熹

「方伯謨勸先生少著書，答曰：『在世間喫了飯後，全不做得些子事，無道理。』」（卷四十九晦翁學案下）

吃飯是享受天地父母的供養，做事是回報天地父母的供養，只是一味享受，而不知圖報，當然是無道理。惟朱子能參得透這層道理，所以他一生努力讀書、著書，至死不輟，爲的也無非是要回報天地父母於萬一而已。這層道理其實很簡單，可惜的是，却有那麼多人參不透、行不來。

十一、胞與之懷

1.周敦頤

「明道曰：『周茂叔窗前草不除去，問之，云：「與自家意思一般。」子厚觀驢鳴，亦謂如此。』」（卷十二濂溪學案下）

2.程顥

「張橫浦曰：『明道書窗前有茂草覆砌，或勸之芟，曰：「不可，欲常見造物生意。」又置盆池，畜小魚數尾，時時觀之，或問其故，曰：「欲觀萬物自得意。」草之與魚，人所共見，唯明道見草則知生意，見魚則知自得意，此豈流俗之見，可同日而語？』」（卷十四明道學案下）

3.張載

「明道曰：『張子厚聞皇子生，喜甚。見餓莩者，食便不美。』」（卷十八橫渠學案下）

天地的大德爲生，觀人生，觀萬物生，欣欣然，煦煦然，心中是何等的順暢舒適。於是當人受到凍餒，萬物受到摧殘，哀矜惻隱之心便會不期然而然的產生。在這個時節，天心、人心實際上已融凝爲一。窗前草卽是我，池中魚卽是我，皇子卽是我，就是餓莩也是我，所有天地間的萬物都是我；太古以前是我，卽千秋萬歲以後還是我。於是「宇宙內事乃己分內事，己分內事乃宇宙內事」了。（宋史卷四百三十四陸九淵傳）

附録二

宋人的三篇氣節文章及其思想背景

一、緒　言

宋史云：

「士大夫忠義之氣，至於五季，變化殆盡。宋之初興，范質、王溥猶有餘憾，況其他哉？藝祖首褒韓通，次表衞融，足示意嚮。厥後西北疆埸之臣，勇於死敵，往往無懼。真、仁之世，田錫、王禹偁、范仲淹、歐陽修、唐介諸賢，以直言讜論倡於朝。於是中外縉紳知以名節相高，廉恥相尚，盡去五季之陋矣！故靖康之變，志士投袂，起而勤王，臨難不屈，所在有之。及宋之亡，忠節相望，班班可書。匡直輔翼之功，蓋非一日之積也。」（卷四百四十六忠義列傳序）

推尋有宋一代所以特重名節的原因，以爲一則在於宋太祖的表彰節義之士，一則由於學士大夫的以直言讜論倡之於朝。此種看法固屬不錯，但顯然並未完備，蓋任何一種風氣的形成，固然有待於在上位者的崇尚提倡，而尤賴乎教育力量的推動，以形成一種普遍的風潮。基於此，則執有宋一代學術思想界牛耳的理學，在此方面的貢獻，無寧是其最爲根本的原因。故王鳴盛曰：

「西漢亡，義士不如東漢亡之多，西漢重勢力，東漢重名節也。宋亡，有文信國；唐亡，無一人；宋崇道學，唐尚文詞也。」（十七史商榷卷九十二唐亡無義士）

較諸宋史的說法，要爲深刻切實。

宋人文章之深饒氣節意味者，由於在整個時代風氣的影響下，可以說是所在多有，然若論爲後人所喜好、所爭誦的程度，則李綱的「請立志以成中興疏」、胡銓的「戊午上高宗封事」以及文天祥的「正氣歌」三文，無疑的要稱首選。目前各大學的國文課本，由於這三篇文章性質相同，固然不會全部選錄，但完全不加選錄者，可謂絕無，其膾炙人口的情形，卽此可見一斑。

我們探討以上三篇文章足以傳世不朽的主要原因，實在於文章氣勢的充沛，文章氣勢的充沛，則在於內容蘊蓄的宏富，內容蘊蓄的宏富又在於作者志節的高超；而欲瞭解作者高超志節之所以養成，則首須明白其師友淵源及思想背景。考李綱、胡銓、文天祥三先生，嚴格而言，雖然都不是理學家，然其與理學的關係則相當深切，而且三人皆被列於宋元學案之中（李綱見於卷二十五龜山學案，胡銓見於卷三十四武夷學案，文天祥見於卷八十八巽齋學案）。是三先生雖不以學術名，而其學術造詣却頗不淺。此所以能在平日學養孕育之優下，發而爲文，具有至大至剛的浩然之氣，以振聾啓聵，扶持民族正義，使百代之下的我們，了然於是非義利的分辨，油然而生崇仰效法之情。

二、李綱的請立志以成中興疏

按李綱此文載於其所著的梁溪先生文集，全文如下：

「臣伏覩車駕以仲春令辰，發軔吳門，臨幸建康。斷自宸衷，不貳不疑，慨然有恢復土宇，掃清中原，拯濟烝黎，戡定禍亂，克翦大憝，刷恥復仇之志。天下臣子，莫不望風跂竦，抃蹈踴躍，願少須臾無死，以觀中興之功，誠甚盛之本也。臣竊觀自古建功立事，扶持社稷之臣，未嘗不以立志爲先。申包胥聞伍員有覆楚之言，則曰我必存之；其後哭秦庭以乞師，卒如其志。張柬之語武氏於荆南江中，其後卒復唐祚，其祀三百。一夫發念，其烈如此；而況以聖明之資，爲萬乘之主乎？高祖之志，見於不肯鬱鬱久居漢中，而與韓信論定三秦之策。光武之志，見於披輿地圖於信都城樓上，與鄧禹論天下大計。此皆志定於前，功成於後。初似落落難合，而卒能建大功，立大名，定大業，功施於當年，名垂於後世，載在典册，不可誣也。恭維皇帝陛下，天錫勇智，運屬艱難，遵養時晦之久，應機立斷，幡然改圖，思欲撥亂興衰，光復祖宗之大業。故親總六師，以臨江表，舍去吳、越，而幸建康，漸爲北伐之計。智慮規模，可謂宏遠矣！臣願陛下益廣聖志，充而行之，與神爲謀，日與其德，勿以去多驟勝而自怠，勿以目前粗定而自安。凡可以致中興之治者無不爲，凡可以害中興之功者無不去。有所規畫措置，必以天下爲度，必以施於長久，可傳於後世爲法，則中興不難致矣！夫中興之於用兵，只是一事，要以修政事，信賞罰，明是非，別邪正，招徠人才，鼓作士氣，愛惜民力，順導衆心爲先。數者既備，則士奮於朝，農安於野，穀粟充盈，財用不匱，將帥輯睦，士卒樂戰，用兵其有不勝者哉？方今黠虜雖彊，不仁不義，專務變詐暴虐，以脅制天下，神怒人憤，莫之與親，自古豈有如此而能久立國者？正如隆冬固陰沍寒，層冰千里，陽和既回，應時消釋，此理之必至，無足怪也。昔范蠡說越王勾踐，以持盈者與天，定傾者與人，節事者以地。勾踐用之，國以富彊。然又必以人事與天時相參，然後乃能成功，遂以報吳。臣竊觀國家去歲諸路豐穰，今春雨暘調適，又將豐歲。是在我者得天時矣，正當修人事以應之。以我之無釁，待彼之有釁。則戡亂定功，役不再籍，夫何遠之有？臣以固陋。自靖康以來，與聞國論，獨持戰守之策，不敢以和議爲然。今十有二年矣！孤危寡與，屢招謗誣，仰賴聖明，曲加照察，脫身九死之濱。今得承乏待罪方面，恭聞戎略臨駐江干，將大有爲，以成勘定之烈。欣幸之情，倍萬常品。顧雖衰病，尙庶幾未塡溝壑，獲覩陛下恢復中原，攄憤千古，志願畢矣！」（卷九十四）

據宋史記載，劉豫於高宗建炎四年（西元一一三〇）在金人的卵翼之下，成立大齊僞政權以後，更於紹興四年（西元一一三四）九月，派遣其子麟引領金兵分道南侵。高宗接納丞相趙鼎的勸諫，決定親征，並從臨安（今浙江杭州）進次平江（今江蘇吳縣），士氣因此大振，來犯的敵僞分別爲韓世忠、岳飛、劉光世、楊沂中、張浚諸將，在江、淮間屢次擊敗。紹興七年正月，高宗更下詔移蹕建康（今南京），並於二月從平江府出發，三月抵達建康。當時李綱適任江西安撫制置使，兼知洪州，見高宗有進取的心志，於是乃奏上此疏，引喻古來成功定業的顯例，陳述當時中興恢復的要圖，以激勵高宗。疏上後數月，劉豫終於被廢。雖然到了紹興八年，高宗却採納和議，以秦檜爲相，並定都臨安，未能達成李綱恢復中原，攄憤千古的心願。但他的謀國之忠，望君之深，蓋可以藉此疏充分的顯現出來。

李綱，字伯紀，先世爲邵武人（今福建建陽），後來遷居無錫（今江蘇吳縣）。生於宋神宗元豐六年（西元一〇八三），卒於高宗紹興十年（西元一一四〇），享年五十八歲。政和二年（西元一一一二）考上進士，歷仕徽、欽、高三朝。當欽宗初即位時，金人脅迫宋委質稱臣，並割地納款，當時宰臣都怯儒無能，持避敵之意，只有李綱力持戰守，遂爲權奸所排擠，罷尙書右丞職。太學生陳東等乃詣闕上書，請求復用李綱，軍民不期而集者有數萬人之多，呼聲動天，帝乃復李綱職，然仍爲權奸所挾，而與金言和。金人聽說李綱又被任用，不待金帛數足，即引兵而去。其爲人心所歸附及金人所畏憚可知。高宗即位，首即召任李綱爲相，他銳意整頓內治，修治邊防，力圖恢復。可是高宗却意存偏安，再加上權奸的忌阻，在位只有七十七天，而無法施展其抱負，終於齎志而死。

宋史云：

「綱負天下之望，以一身用舍爲社稷生民安危。雖身或不用，用有不久，而其忠誠義氣，凜然動乎遠邇。每宋使至燕山，必問李綱、趙鼎安否？其爲遠人所畏服如此。」（卷三百五十九李綱傳）

又云：

「以李綱之賢，使得畢力殫慮於靖康、建炎間，莫或撓之，二帝何至於北行，而宋豈至爲南渡之偏安哉？夫用君子則安，用小人則危，不易之理也。人情莫不喜安而惡危，然綱居相位僅七十日，其謀數不見用，獨於黃潛善、汪伯彥、秦檜之言，信而任之，恒若不及，何高宗之見與人殊哉？綱雖屢斥，忠誠不少貶，不以用舍爲語默，若赤子之慕其母，怒呵猶嗷嗷焉挽其裳裾而從之。嗚呼！中興功業之不振，固歸之天；若綱之心，其可謂非諸葛孔明之用心歟！」（同上）

既讚仰李綱的忠誠義氣，又歎惋於李綱的不被信用，致使宗社淪危，評論可謂允當。其謂李綱之用心可比美於諸葛亮之用心，固然不錯，若僅就李綱「請立志以成中興疏」此文而論，其謀國的忠貞，期君的懇摯，周詳痛切，當亦不讓諸葛亮的「出師表」專美於前。

按李綱之所以有此忠誠義氣，並非無由而致。考李綱之父李夔，與二程四大高弟之一，並將道學南傳的楊時交誼密契，既同爲閩人，又嘗共爲諸生，相交四十餘年，爲楊時的講學之友。據楊時稱：

「其教子弟，以孝弟忠信爲本。聞人一善，於父子兄弟間，譽之不容口，退而未嘗不以訓諸子也。」（楊龜山先生全集卷三十二李修撰墓誌銘）

綱旣承家學，其忠孝仁義之懷，在年少之時卽已養成，所以在服官從政之後，乃能以其平日的學養，發爲忠義之誠，以謀國憂民。又據楊龜山年譜載：

「紹興五年乙卯四月二十三日，與忠定公李綱論性善之旨。翼日，先生卒于正寢。」

（楊龜山先生集卷首）

是李綱也嘗聞道於楊時，而有得於楊時的啓導敎益。

由上二事，我們可知李綱與理學的關係實屬十分密切。按理學家最重心性義理的探討，義利公私的分辨，而中興復仇之議也爲南渡後的諸理學大家所力持。是對李綱此篇奏疏，我們在誦讀之際，首先應該瞭解其師友之間的此一段淵源及其思想背景，而後對於他的忠義之忱與此文大義所在，才能有最深切的體會。

三、胡銓的戊午上高宗封事

按胡銓此文載於其所著的胡澹庵先生文集，全文如下：

「紹興八年十一月日，右通直郎樞密院編修官臣胡銓，謹齋沐裁書，昧死拜獻於皇帝陛下。臣謹按：王倫本一狎邪小人，市井無賴，頃緣宰相無識，遂擧以使虜。專務詐誕，欺罔天聽，驟得美官。天下之人，切齒唾駡。今者無故誘致虜使，以詔諭江南爲名，是欲臣妾我也，是欲劉豫我也。劉豫臣事醜虜，南面稱王，自以爲子孫帝王萬世不拔之基業。一旦豺狼改慮，捽而縛之，父子爲虜。商鑒不遠，而倫又欲陛下效之。夫天下者，祖宗之天下也，陛下所居之位，祖宗之位也。奈何以祖宗之天下爲犬戎之天下，以祖宗之位爲犬戎藩臣之位？陛下一屈膝，則祖宗廟社之靈，盡汙夷狄；祖宗數百年之赤子，盡爲左袵；朝廷宰執，盡爲陪臣；天下之士大夫，皆當裂冠毀冕，變爲胡服。異時豺狼無厭之求，安知不加我以無禮如劉豫者哉？夫三尺童子，至無知也，指犬豕而使之拜，則怫然怒。今醜虜則犬豕也，堂堂天朝，相率而拜犬豕，曾童稚之所羞，而陛下忍爲之耶？倫之議乃曰，我一屈膝，則梓宮可還，太后可復，淵聖可歸，中原可得。嗚呼！自變故以來，主和議者，誰不以此說啗陛下哉？然而卒無一驗，是虜之情僞已可知矣！而陛下尙不覺悟，竭民膏血而不恤，忘國大讎而不報，含垢忍恥，擧天下而臣之甘心焉。就令虜決可和，盡如倫議，天下後世謂陛下何如主？況醜虜變詐百出，而倫又以奸邪濟之，梓宮決不可還，太后決不可復，淵聖決不可歸，中原決不可得。而此膝一屈，不可復伸，國勢陵夷，不可復振；可爲痛哭流涕長太息也。向者陛下間關海道，危如累卵，當時尙不肯北面臣虜。況今國勢稍張，諸將盡銳，士卒思奮。祇如頃者，醜虜陸梁，僞豫入寇，固嘗敗之於襄陽，敗之於淮上，敗之於渦口，敗之於淮陰，較之前日蹈海之危，已萬萬矣！倘不得已而遂至於用兵，則我豈遽出虜人下哉？今無故而反臣之，欲屈萬乘之尊，下穹廬之拜。三軍之士，不戰而氣已索。此魯仲連所以義不帝秦，非惜夫帝秦之虛名，惜天下大勢有所不可也。今內而百官，外而軍民，萬口一談，皆欲食倫之肉。謗議洶洶，陛下不聞；正恐一旦變祚，禍且不測。臣竊謂不斬王倫，國之存亡，未可知也。雖然，倫不足道也，秦檜以腹心大臣，而亦爲之。陛下有堯、舜之資，檜不能致陛下如唐、虞，而欲導陛下爲石晉。近者禮部侍郎曾開等，引古誼以折之，檜乃厲聲曰：『侍郎知故事，我獨不知？』則檜之遂非狠愎，已自可見。而乃建白令臺諫從臣僉議可否，是明畏天下之議己，而令臺諫從臣共分謗耳。有識之士皆以爲朝廷無人，吁！可惜哉！孔子曰：『微管仲，吾其被髮左衽矣！』夫管仲，霸者之佐耳；尙能變左衽之區爲衣裳之會。秦檜，大國之相也；反驅衣冠之俗，歸左衽之鄉。則檜也不惟陛下之罪人，實管仲之罪人矣！孫近附會檜議，遂得參知政事。天下望治，有如饑渴，而近伴食中書，漫不可否事。檜曰虜可和，近亦曰可和；檜曰天子當拜，近亦曰當拜。臣嘗至政事堂，三發問而近不答，但曰已令臺諫侍從議矣！嗚呼！參贊大臣，徒取充位如此，有如虜騎長驅，尙能折衝禦侮耶？臣竊謂秦檜、孫近亦可斬也。臣備員樞屬，義不與檜等共戴天。區區之心，願斬三人頭，竿之藁街，然後羈留虜使，責以無禮，徐興問罪之師。則三軍之士，不戰而氣自倍。不然，臣有赴**東海而死耳，寧能處小朝廷求活耶？小臣狂妄，冒瀆天威，甘俟斧鉞，不勝隕越之至。」**

（卷七）

戊午，據胡銓此疏可知爲宋高宗紹興八年（西元一一三八）。此年，高宗已任命秦檜爲相，並採納其和談之議，派遣王倫出使於金。倫於奉使既畢後，金使蕭哲、張通古以詔諭江南的名義，與之一同南來。按詔、諭皆爲上告下的文體，是金人顯然以上國自居，視南宋爲臣屬。此對南宋而言，實爲莫大的侮辱。當時雖羣情激憤，可是秦檜却剛愎自是，置若罔聞；參知政事孫近亦附會秦檜主和之議。胡銓於忍無可忍之下，乃奏上此封事，本春秋攘夷大義，痛陳其事的非宜，及檜等處置的失當，並乞斬秦檜、孫近、王倫三人之頭，懸於藁街，以激勵民心士氣。其大義凜然的氣概，不僅贏得了國人一致的感佩，連金人聞之，也爲之膽懾。據載，胡銓此文一出，當時，「宜與進士吳師古鋟木傳之，金人募其書千金。」（宋史卷三百七十四胡銓傳）此篇文章力量的影響之大，卽此可見一斑。

胡銓，字邦衡，江西廬陵人（今江西吉安縣）。生於徽宗崇寧元年（西元一一〇二），卒於孝宗淳熙七年（西元一一八〇），享年七十九歲。建炎二年（西元一一二八），高宗親自策士於淮海，銓「因御題問治道本天，天道本民。答云：『湯武聽民而興，桀紂聽天而亡。今陛下起干戈鋒鏑間，外亂內訌，而策臣數十條，皆質之天，不聽於民。』又謂：『今宰相非晏殊，樞密參政非韓琦、杜衍、范仲淹。』（宋史卷三百七十四胡銓傳）其對策長達萬餘言，皆針對時事而發。高宗見而異之，本擬置諸首選，然却因他的直言不諱，爲忌者移置第五。紹興八年，既上此封事，乞斬秦檜等人頭，遂爲秦檜所深恨，詔除名編管昭州。雖然臺諫朝臣多人爲他疏解挽救，但仍被流放在外。直到秦檜死後第六年（卽紹興三十一年），才得自便。孝宗卽位，銓再度被起用，仍不時疏請銳意恢復，當隆興元年（西元一一六三）十一月，孝宗以和議遣使之事，廣徵羣臣意見，時侍從臺諫參預其事者有十四人，結果主和者佔一半，不置可否者也佔一半，只有胡銓力言不可和，並且以爲若溺於和議，則將不能自振。第二年八月，孝宗因災異，詔廷臣言闕政急務，胡銓上疏，以議和爲闕政，認爲若和議成則有可弔者十，不成則有可賀者十。甚至當他致仕陛辭的時候，仍以歸陵寢，復故疆爲言。其睠念故國河山的心懷，堅持一己信念的精神，可眞是終始如一，無時或懈。

按胡銓曾先後從遊於程頤門人蕭楚，及二程私淑胡安國。蕭、胡二先生皆深於春秋之學。蕭楚於哲宗紹聖年間嘗遊大學，當時蔡京把持國政，楚憤嫉其姦邪，以爲蔡京終將成爲宋之王莽，遂誓不仕，乃退而著書。其所著春秋經辨一書，大旨爲權姦柄國而發，而持論正大，深有合於孔子的筆削之義。胡銓從其學春秋，據直齋書錄解題載：

「門人胡澹庵銓以春秋登甲科，歸拜床下，楚告之曰：『學者非但拾一第，身可殺，學不可辱，毋禍吾春秋乃佳。』」（卷三）

由此可知，後來胡銓之能以直言讜論，抒發其孤高的胸懷，不顧利害得失，力斥羣姦的誤國，實深有得於蕭楚的啓發。又胡安國爲孫復的再傳弟子，當蔡京擅權之時，亦屢屢辭官不赴。後來中丞許翰嘗同答欽宗之問道：

「自蔡京得政，士大夫無不受其籠絡；超然遠迹，不爲所汙如安國者實鮮。」（宋史卷四百三十五胡安國傳）

其志行的高潔如此，而其所著的春秋傳，亦能遠紹孫復，申明華夷之辨。是胡銓的力持和議不可行，亦是源自胡安國的誘發。

由於得力於兩位名師的敎導，即胡銓本人對於春秋亦有深切的認識，並著有春秋集善十一卷。據此，我們當不難得知胡銓之所以堅持民族本位的立場，始終以和議爲非是，甚至於不顧己身的安危，指斥秦檜等人之誤國，實有其深切的學術背景在。

按胡銓此文曾提及魯仲連義不帝秦的故事，後來其弟子楊萬里爲胡銓所著的澹庵集作序云：

「故澹庵先生資政殿學士忠簡胡公，中興人物未能或之雙也。紹興戊午，高宗皇帝以顯仁皇太后駕未返，不得已以大事小，屈己和戎。先生上書爭，至乞斬宰相。在廷大驚，金敵聞之，募其書千金，三日得之，君臣奪氣，知中國有人，奉皇太后以歸，自是敵騎不南者三十年。當魯仲連不肯帝秦，秦軍聞之，却五十里。後人疑之，以爲說士之夸辭。以今揆古，古爲夸矣；以今觀今，今亦夸乎？信所見，疑所聞，古今一也。吾宋之安疆，不以有百萬之師，而以先生之一言。後之人聞之者，焉知不若今之人聞仲連之事者乎？未可知也。若今之人，親見先生之事，則誰以爲夸者？嗚呼！先生之功，其遠矣乎，其遠矣乎！」（誠齋集卷八十二澹庵先生文集序）是胡銓的所作所爲，不僅可以證成魯仲連義不帝秦之事的可信，掃除後人的疑惑，更可與魯仲連後先輝映，爲人間正氣延續血脈，以爲千秋萬世的典範了。

四、文天祥的正氣歌

按文天祥此篇係採用五言古詩的體裁寫成，在詩前有序，與前述李、胡二先生的兩篇之同屬於奏議類的散文有別。文載於指南後錄，其詩並序，全文如下：

「予囚北庭，坐一土室，室廣八尺，深可四尋，單扉低小，白間短窄，汙下而此夏日，諸氣萃然，雨潦四集，浮動床几，時則爲水氣。塗泥半朝，蒸漚歷瀾，時則爲土氣。乍晴暴熱，風道四塞，時則爲日氣。簷陰薪爨，助長炎虐，時則爲火氣。食腐寄頓，陳陳逼人，時則爲米氣。駢肩雜遝，腥臊汙垢，時則爲人氣。或圊溷、或毀屍、或腐鼠，惡氣雜出，時則爲穢氣。疊是數氣，當之者鮮不爲厲。而予以孱弱，俯仰其間，於玆二年矣！幸而無恙，是殆有養致然！然爾亦安知所養何哉？孟子曰：『吾善養吾浩然之氣。』彼氣有七，吾氣有一，以一敵七，吾何患焉，況浩然者，乃天地之正氣也，作正氣歌一首。

天地有正氣，雜然賦流形。下則爲河嶽，上則爲日星。於人曰浩然，沛乎塞蒼冥。皇路當淸夷，含和吐明庭。時窮節乃見，一一垂丹靑。在齊太史簡，在晉董狐筆；在秦張良椎，在漢蘇武節。爲嚴將軍頭，爲嵇侍中血；爲張睢陽齒，爲顏常山舌。或爲遼東帽，清操厲冰雪；或爲出師表，鬼神泣壯烈。或爲渡江楫，慷慨吞胡羯；或爲擊賊笏，逆豎頭破裂。是氣所旁薄，凛烈萬古存。當其貫日月，生死安足論？地維賴以立，天柱賴以尊。三綱實係命，道義爲之根。嗟予遘陽九，隸也實不力。楚囚纓其冠，傳車送窮北。鼎鑊甘如飴，求之不可得。陰房闃鬼火，春院閟天黑。牛驥同一皂，鷄棲鳳凰食。一朝濛霧露，分作溝中瘠。如此再寒暑，百沴自辟易。嗟哉沮洳場，爲我安樂國。豈有他繆巧，陰陽不能賊。顧此耿耿在，仰視浮雲白。悠悠我心悲，蒼天曷有極？哲人日已遠，典刑在夙昔。風簷展書讀，古道照顏色。」（文文山全集卷十四）

當南宋末年，蒙古大舉南侵之際，文天祥雖明知國事潰爛，已難收拾，但是仍抱著義無反顧的精神，起兵勤王。其中歷經種種艱辛曲折，終於宋帝昺祥興元年（元至元十五年，西元一二七八），兵敗被執，解送燕京。屢次峻拒元人的招降，遂被禁繫於監獄之中，前後達四年之久。獄中諸氣羼集，腥臊腐敗，極少有能忍受得了，而不生病者。然文天祥却能長久生活其間，而不爲其所毒害。推因究源，實由於他那股偉大的精神力量，亦即是其所謂的浩然之氣所使然。而此作於至元十八年六月間的正氣歌，卽爲他在那種極端困厄的境遇中，却猶能保有俊偉胸懷的最佳表白，詩中歷述史實，借先賢忠烈的事跡，以浩然正氣自許，申明道義的重要，並隱然以踵武前賢的偉烈自期。此所以至明年，文天祥終能昂然不屈，從容就義。既無愧於逝者，尤能繼往開來，爲後人再樹立一個貞固的典型。讀了此詩，我們對於文天祥的志行，當更能瞭解，而益增其崇仰之心。

文天祥，字宋瑞，又字履善，與胡銓同爲江西廬陵人。生於宋理宗端平三年（西元一二三六），卒於元世祖至元十九年（西元一二八二），享年四十七歲。當他年幼之時，見學宮所奉祀鄉先輩歐陽修、胡銓等人像，其謚號皆有「忠」字，即欣然嚮慕，曰：「沒不俎豆其間，非夫也。」可見其從小便有非凡的抱負。年二十，舉進士，理宗親拔爲第一名。累遷知贛州。恭帝德祐元年（西元一二七五），元兵渡江，詔天下勤王。文天祥號召義軍萬餘人，以江西提刑安撫使召入衞。友人相勸道：「今大兵三道鼓行，破郊畿，薄內地，君以烏合萬餘赴之，是何異驅羣羊而搏猛虎？」天祥乃慨然答曰：「吾亦知其然也。第國家養育臣庶三百餘年，一旦有急，無一人一騎入關者。吾深恨於此，故不自量力，而以身狥之。庶天下忠臣義士，將有聞風而起者。義勝者謀立，人衆者功濟，如此則社稷猶可保也。」義之所在，往而無悔，並期望能以自己的實際行動，感召羣倫，以共赴國難。其志甚高，而其用心更是可敬。明年，臨安被圍，天祥以右丞相奉使到敵營議和，對元將伯顏慷慨陳述大誼，並責其失信，遂被拘執，並脅迫北上。途中，乘隙連夜逃亡，輾轉經海道抵溫州。上表勸進益王（端宗），並收兵與元軍相抗。兵敗，妻妾子女皆被捕。衞王（帝昺）繼立，再度起兵，爲元將張弘範所突擊而俘獲。張弘範使爲書招張世傑，曰：「吾不能扞父母，乃敎人叛父母，可乎？」弘範固索，天祥乃以所作「過零丁洋詩」付之，其最末卽爲後人所爭誦的「人生自古誰無死，留取丹心照汗青」句。弘範招降，又堅拒道：「國亡不能救，爲人臣者死有餘罪，況敢逃其死而二其心乎？」弘範義之，乃遣使護送到京師。元世祖愛其才，欲用之，天祥仍不改其本衷，曰：「天祥受宋恩爲宰相，安事二姓？願賜之一死足矣！」最後終於被刑於柴市。死前，猶從容南向再拜。死後數日，妻歐陽氏爲其收屍，於衣袋中得一紙，云：「孔曰成仁，孟曰取義。惟其義盡，所以仁至。讀聖賢書，所學何事？而今而後，庶幾無媿。」是眞能以仁義自期而不負其志了。故宋史云：

「自古志士欲伸大義於天下者，不以成敗利鈍動其心，君子命之曰仁，以其合天理之正，卽人心之安爾。商之衰，周有代德，盟津之師不期而會者八百國。伯夷、叔齊以兩男子，欲扣馬而止之。三尺童子，知其不可。他日孔子賢之，則曰：『求仁而得仁。』宋至德祐亡矣，文天祥往來兵間，初欲以口舌存之；事既無成，奉兩孱王，崎嶇嶺海，以圖興復，兵敗身執。世祖皇帝……既壯其節，又惜其才，留之數年，如虎兕在柙，百計馴之，終不可得。觀其從容伏質，就死如歸，是其所欲有甚於生者，可不謂之仁哉！」（卷四百十八文天祥傳）

考文天祥早年嘗遊學於江萬里所剏辦的白鷺洲書院，從江萬里、歐陽守道二先生，聞經史辭章之學。當咸淳九年（西元一二七三），文天祥爲湖南提刑，江萬里和他談及國事時，卽勉勵他道：「吾老矣！觀天時，人事當有變。吾閱人多矣，世道之責，其在君乎！君其勉之。」次年，元兵渡江，萬里爲遊騎所執，破口大罵，並意圖自殺，後來脫逃。然不久，其所居的饒州城陷落，萬里卽義不受辱，因自投水而死。其對於文天祥的期許勉勵，以至於後來的寧死不屈，對文天祥而言，蓋不啻爲最好的言敎與身敎。其後文天祥之所以能正氣凜然的以身殉國，江萬里所言所行，誠發揮了極大的激勵作用。歐陽守道與江萬里同爲朱熹的再傳弟子，嘗應江萬里之聘，於白鷺洲書院爲諸生講學。其學「求爲有益於世用，而不爲高談虛語，以自標榜於一時。」（文文山全集卷十一祭歐陽巽齋先生）善能「發明孟氏正人心、承三聖之說。」（宋元學案卷八十八巽齋學案）按文天祥正氣歌大旨蓋承自孟子，天祥既從學於守道，而景仰實深，是可見歐陽守道對其當亦有很大的啓導之功。此外，當文天祥於理宗開慶元年（西元一二五九），應進士科考時，主考官爲王應麟，當他見到天祥的對策，卽向理宗爲國家得人賀，曰：「是卷古誼若龜鑑，忠肝如鐵石，臣敢爲得人賀。」按王應麟兼治朱（熹）、呂（祖謙）、陸（九淵）三家之學，雖然是和齊斟酌，不名一師，實於朱學爲最近。其「生平大節，自擬於司空圖、韓偓之間，良無所媿。」（鮚埼亭集外編卷十九宋王尙書畫像記）蓋也是一清潔自守的學者。文天祥既爲其所取之士，則其對於文天祥當有所沾漑，亦就不用贅言了。

我們試閱文天祥所撰的御試對策，洋洋灑灑，長達萬言，其中所述，對於心性義理既有甚深的領會，而又綰合當時的情勢以立言，蓋能合內外而爲一者。再就正氣歌此文而論，若非於義理上涵濡精熟，又何能如此自然的將其內心的精誠發越於外？而文天祥之所以能有此涵養，成此偉烈，以爲後人樹立足資矜式的楷模，固然是由於他自己本人的勤學穎悟，善能以前賢往哲爲師，實在也是深有得於上述三先生的開發誘掖。

五、結　語

按宋儒最重講學，而自北宋中葉以後、由於周，張、二程等大儒的崛起，理學大昌；至於南宋程、朱，遂達到發展的顚峯。雖然自此以後，卽不能再有所突破創闢，然其影響所及，遂至籠罩宋、明兩朝，其對於當時的民心士氣實有極大的激勵作用。我們試閱宋、明兩史，其中所載，忠義之士，視他史爲多，則其所及於人心者爲何如，蓋不難推知。雖然，任何一種學術思想，於流衍既久之後，自然難免滋生流弊。論者每每不明此種道理，以爲理學家誤人之國，平日但知拱手談性命，及至時勢阽危，只得一死報君王。此就理學末流而言，自然不爲過，然決非理學諸大家以心性義理相講倡的本意，則可以斷言。若必執委以議源，則孔子一傳爲子夏，再傳爲荀卿，三傳爲韓非、李斯，終於演爲秦始皇的焚書坑儒。以此咎孔子，有識者當然知其爲不可。其實宋、明兩朝之所以都亡於異族，自有其因素在。最主要者，個人以爲宋、明兩朝，在我國歷史上各朝代中，眞可以稱得上專制集權，綱紀法度之密，猜刻忌害之深，致使臣民幾於動手舉足，輒有法禁，則國家又豈有不衰弱的道理？據此而論，謂理學誤國，實不如謂理學爲當朝政策所誤，較爲近實。我們試觀上述三文，除了文天祥的「正氣歌」，因時勢實在已達無可奈何之至，故有

「悠悠我心悲，蒼天曷有極。」的感嘆之言，稍覺有頹喪意味外，若李綱的「請立志以成中興疏」，胡銓的「戊午上高宗封事」，雖在形勢逆轉之世，依然是饒具踔厲奮發，積極進取之志，絕無半點廢沮蕭索之意態。三文作者之與理學關係之深，既已如上述，則理學所講是否有誤人國，當不難就此三篇文章看出端倪。全祖望在宋元學案中云：

「巽齋（歐陽守道）之門有文山（文天祥），徑畈（徐霖）之門有疊山（謝枋得），可以見宋儒講學之無負於國矣！」（卷八十八巽齋學案）

文山、疊山的行事，蓋猶是出乎不得已，宋儒講學之所造就，既已無負於國。則在平時，致力於公私義利之辨，是非善惡之別，大有助於反身力踐之實，又豈止是無負於國而已呢！

參引書目舉要

書名	編著者	出版者
周易		藝文印書館影印嘉慶二十年江西南昌府學十三經注疏
春秋左傳	左丘明	同右
春秋尊王發微	孫復	大通書局影印通志堂經解
春秋傳	胡安國	商務印書館影印四部叢刊續編
左氏傳說	呂祖謙	大通書局影印通志堂經解
論語		藝文印書館影印嘉慶二十年江西南昌府學十三經注疏
孟子		同右
四書集註	朱熹	世界書局
新五代史	歐陽修	藝文印書館影印乾隆武英殿刊本
宋史	脫脫	同右
資治通鑑	司馬光	曾文出版社新校本
宋史紀事本末	陳邦瞻	三民書局

伊洛淵源錄新增附續錄	朱熹	廣文書局影印和刻近世漢籍叢刊
宋元學案	黃宗羲、全祖望	世界書局
三朝名臣言行錄	朱熹	商務印書館影印四部叢刊初編
朱子年譜	王懋竑	商務印書館人人文庫
直齋書錄解題	陳振孫	商務印書館國學基本叢書
四庫全書總目提要	紀昀	商務印書館
經義考	朱彝尊	中華書局四部備要
宋論	王夫之	自由出版社影印太平洋書局船山遺書
十七史商榷	王鳴盛	廣文書局
周子全書	周敦頤	廣學社印書館
皇極經世書	邵雍	中華書局四部備要
張子全書	張載	同右
二程全書	程顥、程頤	廣文書局影印和刻近世漢籍叢刊
二程語錄	同右	商務印書館叢書集成簡編
上蔡語錄	謝良佐	廣文書局影印和刻近世漢籍叢刊
近思錄	朱熹、呂祖謙	商務印書館人人文庫

朱子大全	朱熹	中華書局四部備要
朱子語類	同右	正中書局影印明成化九年江西藩司覆刊宋咸淳九年導江黎氏本
象山全集	陸九淵	中華書局四部備要
慈湖遺書	楊簡	四明叢書
習學記言	葉適	商務印書館四庫全書珍本三集
黃氏日抄	黃震	同右
困學紀聞	王應麟	商務印書館影印四部叢刊三編
癸辛雜識	周密	新興書局影印筆記小說大觀三編
日知錄	顧炎武	明倫出版社
韓昌黎集	韓愈	河洛出版社
范文正公集	范仲淹	商務印書館影印四部叢刊初編
孫明復小集	孫復	商務印書館四庫全書珍本八集
徂徠文集	石介	商務印書館四庫全書珍本四集
伊川擊壤集	邵雍	商務印書館影印四部叢刊初編
歐陽修全集	歐陽修	河洛出版社
溫國文正公全集	司馬光	商務印書館影印四部叢刊初編

蘇東坡全集	蘇軾	河洛出版社
山谷全集	黃庭堅	中華書局四部備要
楊龜山先生全集	楊時	學生書局影印光緒九年張國正重刋本
斐然集	胡寅	商務印書館四庫全書珍本初集
南軒集	張栻	廣學社印書館影印綿邑洗墨池重刋本
呂東萊先生全集	呂祖謙	金華叢書
梁溪先生文集	李綱	道光十四年刋本
胡澹菴先生文集	胡銓	乾隆二十二重刋本
誠齋集	楊萬里	商務印書館影印四部叢刋初編
水心文集	葉適	永嘉叢書
龍川文集	陳亮	新興書局
勉齋文集	黃榦	商務印書館四庫全書珍本二集
北溪大全集	陳淳	商務印書館四庫全書珍本四集
蒙齋集	袁甫	商務印書館四庫全書珍本別集
文文山全集	文天祥	河洛出版社
謝疊山集	謝枋得	商務印書館叢書集成簡編
鮚埼亭集	全祖望	商務印書館國學基本叢書

中國哲學史	馮友蘭	
中國哲學史	鍾　泰	商務印書館人人文庫
中國思想史	錢　穆	華岡出版社
中國思想史論集	徐復觀	學生書局
中國學術思想史論叢(五)	錢　穆	東大圖書公司
中國近世儒學史	宇野哲人	中華文化出版事業委員會
中國歷代思想家		商務印書館
理學綱要	呂思勉	華世出版社
兩宋思想述評	陳鐘凡	同右
宋學概要	夏君虞	同右
心體與性體	牟宗三	正中書局
宋明理學概述	錢　穆	學生書局
宋明理學	吳　康	華岡出版社
朱子新學案	錢　穆	自印本

滄海叢刊書目

國學類

中國學術思想史論叢(一)~(八)	錢　穆著
現代中國學術論衡	錢　穆著
兩漢經學今古文平議	錢　穆著
宋代理學三書隨劄	錢　穆著
先秦諸子繫年	錢　穆著
朱子學提綱	錢　穆著
莊子纂箋	錢　穆著
論語新解	錢　穆著

哲學類

文化哲學講錄(一)~(五)	鄔昆如著
哲學十大問題	鄔昆如著
哲學的智慧與歷史的聰明	何秀煌著
文化、哲學與方法	何秀煌著
哲學與思想	王曉波著
內心悅樂之源泉	吳經熊著
知識、理性與生命	孫寶琛著
語言哲學	劉福增著
哲學演講錄	吳　怡著
後設倫理學之基本問題	黃慧英著
日本近代哲學思想史	江日新譯
比較哲學與文化(一)(二)	吳　森著
從西方哲學到禪佛教——哲學與宗教一集	傅偉勳著
批判的繼承與創造的發展——哲學與宗教二集	傅偉勳著
「文化中國」與中國文化——哲學與宗教三集	傅偉勳著
從創造的詮釋學到大乘佛學——哲學與宗教四集	傅偉勳著
中國哲學與懷德海	東海大學哲學研究所主編
人生十論	錢　穆著
湖上閒思錄	錢　穆著
晚學盲言(上)(下)	錢　穆著
愛的哲學	蘇昌美著
是與非	張身華譯
邁向未來的哲學思考	項退結著

現代藝術哲學	孫　旗　譯
現代美學及其他	趙天儀　著
中國現代化的哲學省思	成中英　著
不以規矩不能成方圓	劉君燦　著
恕道與大同	張起鈞　著
現代存在思想家	項退結　著
中國思想通俗講話	錢　穆　著
中國哲學史話	吳怡、張起鈞　著
中國百位哲學家	黎建球　著
中國人的路	項退結　著
中國哲學之路	項退結　著
中國人性論	臺大哲學系主編
中國管理哲學	曾仕強　著
孔子學說探微	林義正　著
心學的現代詮釋	姜允明　著
中庸誠的哲學	吳　怡　著
中庸形上思想	高柏園　著
儒學的常與變	蔡仁厚　著
智慧的老子	張起鈞　著
老子的哲學	王邦雄　著
逍遙的莊子	吳　怡　著
莊子新注（內篇）	陳冠學　著
莊子的生命哲學	葉海煙　著
墨家的哲學方法	鐘友聯　著
韓非子析論	謝雲飛　著
韓非子的哲學	王邦雄　著
法家哲學	姚蒸民　著
中國法家哲學	王讚源　著
二程學管見	張永儁　著
王陽明——中國十六世紀的唯心主義哲學家	張君勱原著、江日新中譯
王船山人性史哲學之研究	林安梧　著
西洋百位哲學家	鄔昆如　著
西洋哲學十二講	鄔昆如　著
希臘哲學趣談	鄔昆如　著
近代哲學趣談	鄔昆如　著
現代哲學述評(一)	傅佩榮編譯

當代西方哲學與方法論	臺大哲學系主編
人性尊嚴的存在背景	項退結編著
理解的命運	殷鼎著
馬克斯・謝勒三論	阿弗德・休慈原著、江日新譯
懷海德哲學	楊士毅著
洛克悟性哲學	蔡信安著
伽利略・波柏・科學說明	林正弘著
宗教類	
天人之際	李杏邨著
佛學研究	周中一著
佛學思想新論	楊惠南著
現代佛學原理	鄭金德著
絕對與圓融——佛教思想論集	霍韜晦著
佛學研究指南	關世謙譯
當代學人談佛教	楊惠南編著
從傳統到現代——佛教倫理與現代社會	傅偉勳主編
簡明佛學概論	于凌波著
圓滿生命的實現（布施波羅密）	陳柏達著
薝蔔林・外集	陳慧劍著
維摩詰經今譯	陳慧劍譯註
龍樹與中觀哲學	楊惠南著
公案禪語	吳怡著
禪學講話	芝峯法師譯
禪骨詩心集	巴壺天著
中國禪宗史	關世謙著
魏晉南北朝時期的道教	湯一介著
社會科學類	
憲法論叢	鄭彥棻著
憲法論衡	荆知仁著
國家論	薩孟武譯
中國歷代政治得失	錢穆著
先秦政治思想史	梁啟超原著、賈馥茗標點
當代中國與民主	周陽山著
釣魚政治學	鄭赤琰著
政治與文化	吳俊才著
中國現代軍事史	劉馥著、梅寅生譯
世界局勢與中國文化	錢穆著

中華文化十二講	錢　穆　著
民族與文化	錢　穆　著
楚文化研究	文崇一　著
中國古文化	文崇一　著
社會、文化和知識分子	葉啟政　著
儒學傳統與文化創新	黃俊傑　著
歷史轉捩點上的反思	韋政通　著
中國人的價值觀	文崇一　著
紅樓夢與中國舊家庭	薩孟武　著
社會學與中國研究	蔡文輝　著
比較社會學	蔡文輝　著
我國社會的變遷與發展	朱岑樓主編
三十年來我國人文社會科學之回顧與展望	賴澤涵　編
社會學的滋味	蕭新煌　著
臺灣的社區權力結構	文崇一　著
臺灣居民的休閒生活	文崇一　著
臺灣的工業化與社會變遷	文崇一　著
臺灣社會的變遷與秩序(政治篇)(社會文化篇)	文崇一　著
臺灣的社會發展	席汝楫　著
透視大陸	政治大學新聞研究所主編
海峽兩岸社會之比較	蔡文輝　著
印度文化十八篇	糜文開　著
美國的公民教育	陳光輝　譯
美國社會與美國華僑	蔡文輝　著
文化與教育	錢　穆　著
開放社會的教育	葉學志　著
經營力的時代	青野豐作著、白龍芽　譯
大眾傳播的挑戰	石永貴　著
傳播研究補白	彭家發　著
「時代」的經驗	汪琪、彭家發　著
書法心理學	高尚仁　著

史地類

古史地理論叢	錢　穆　著
歷史與文化論叢	錢　穆　著
中國史學發微	錢　穆　著
中國歷史研究法	錢　穆　著
中國歷史精神	錢　穆　著

國史新論	錢　穆 著
秦漢史	錢　穆 著
秦漢史論稿	邢義田 著
與西方史家論中國史學	杜維運 著
中西古代史學比較	杜維運 著
中國人的故事	夏雨人 著
明朝酒文化	王春瑜 著
共產國際與中國革命	郭恒鈺 著
抗日戰史論集	劉鳳翰 著
盧溝橋事變	李雲漢 著
老臺灣	陳冠學 著
臺灣史與臺灣人	王曉波 著
變調的馬賽曲	蔡百銓 譯
黃帝	錢　穆 著
孔子傳	錢　穆 著
唐玄奘三藏傳史彙編	釋光中 編
一顆永不殞落的巨星	釋光中 著
當代佛門人物	陳慧劍編著
弘一大師傳	陳慧劍 著
杜魚庵學佛荒史	陳慧劍 著
蘇曼殊大師新傳	劉心皇 著
近代中國人物漫譚・續集	王覺源 著
魯迅這個人	劉心皇 著
三十年代作家論・續集	姜　穆 著
沈從文傳	凌　宇 著
當代臺灣作家論	何　欣 著
師友風義	鄭彥棻 著
見賢集	鄭彥棻 著
懷聖集	鄭彥棻 著
我是依然苦鬥人	毛振翔 著
八十憶雙親、師友雜憶（合刊）	錢　穆 著
新亞遺鐸	錢　穆 著
困勉強狷八十年	陶百川 著
我的創造・倡建與服務	陳立夫 著
我生之旅	方　治 著
語文類	
中國文字學	潘重規 著

中國聲韻學	潘重規、陳紹棠 著
訓詁通論	吳孟復 著
翻譯新語	黃文範 著
詩經研讀指導	裴普賢 著
陶淵明評論	李辰冬 著
鍾嶸詩歌美學	羅立乾 著
杜甫作品繫年	李辰冬 著
杜詩品評	楊慧傑 著
詩中的李白	楊慧傑 著
司空圖新論	王潤華 著
詩情與幽境——唐代文人的園林生活	侯迺慧 著
唐宋詩詞選——詩選之部	巴壺天 編
唐宋詩詞選——詞選之部	巴壺天 編
四說論叢	羅盤 著
紅樓夢與中華文化	周汝昌 著
中國文學論叢	錢穆 著
品詩吟詩	邱燮友 著
談詩錄	方祖燊 著
情趣詩話	楊光治 著
歌鼓湘靈——楚詩詞藝術欣賞	李元洛 著
中國文學鑑賞舉隅	黃慶萱、許家鶯 著
中國文學縱橫論	黃維樑 著
蘇忍尼辛選集	劉安雲 譯
1984	GEORGE ORWELL原著、劉紹銘 譯
文學原理	趙滋蕃 著
文學欣賞的靈魂	劉述先 著
小說創作論	羅盤 著
借鏡與類比	何冠驥 著
鏡花水月	陳國球 著
文學因緣	鄭樹森 著
中西文學關係研究	王潤華 著
從比較神話到文學	古添洪、陳慧樺主編
神話即文學	陳炳良等譯
現代散文新風貌	楊昌年 著
現代散文欣賞	鄭明娳 著
世界短篇文學名著欣賞	蕭傳文 著
細讀現代小說	張素貞 著

現代詩學	蕭蕭 著
詩美學	李元洛 著
詩學析論	張春榮 著
横看成嶺側成峯	文曉村 著
大陸文藝論衡	周玉山 著
大陸當代文學掃瞄	葉穉英 著
走出傷痕——大陸新時期小說探論	張子樟 著
兒童文學	葉詠琍 著
兒童成長與文學	葉詠琍 著
增訂江皋集	吳俊升 著
野草詞總集	韋瀚章 著
李韶歌詞集	李韶 著
石頭的研究	戴天 著
留不住的航渡	葉維廉 著
三十年詩	葉維廉 著
讀書與生活	琦君 著
城市筆記	也斯 著
歐羅巴的蘆笛	葉維廉 著
一個中國的海	葉維廉 著
尋索：藝術與人生	葉維廉 著
山外有山	李英豪 著
葫蘆·再見	鄭明娳 著
一縷新綠	柴扉 著
吳煦斌小說集	吳煦斌 著
日本歷史之旅	李希聖 著
鼓瑟集	幼柏 著
耕心散文集	耕心 著
女兵自傳	謝冰瑩 著
抗戰日記	謝冰瑩 著
給青年朋友的信(上)(下)	謝冰瑩 著
冰瑩書柬	謝冰瑩 著
我在日本	謝冰瑩 著
人生小語(一)～(四)	何秀煌 著
記憶裏有一個小窗	何秀煌 著
文學之旅	蕭傳文 著
文學邊緣	周玉山 著
種子落地	葉海煙 著

向未來交卷	葉海煙 著
不拿耳朵當眼睛	王讚源 著
古厝懷思	張文貫 著
關心茶——中國哲學的心	吳怡 著
放眼天下	陳新雄 著
生活健康	卜鍾元 著
美術類	
樂圃長春	黃友棣 著
樂苑春回	黃友棣 著
樂風泱泱	黃友棣 著
談音論樂	林聲翕 著
戲劇編寫法	方寸 著
戲劇藝術之發展及其原理	趙如琳譯著
與當代藝術家的對話	葉維廉 著
藝術的興味	吳道文 著
根源之美	莊申 著
中國扇史	莊申 著
立體造型基本設計	張長傑 著
工藝材料	李鈞棫 著
裝飾工藝	張長傑 著
人體工學與安全	劉其偉 著
現代工藝概論	張長傑 著
色彩基礎	何耀宗 著
都市計畫概論	王紀鯤 著
建築基本畫	陳榮美、楊麗黛 著
建築鋼屋架結構設計	王萬雄 著
室內環境設計	李琬琬 著
雕塑技法	何恆雄 著
生命的倒影	侯淑姿 著
文物之美——與專業攝影技術	林傑人 著